TODO LO QUE
TU PERRO
QUIERE QUE SEPAS

Amat Editorial, sello editorial especializado en la publicación de temas que ayudan a que tu vida sea cada día mejor. Con más de 400 títulos en catálogo, ofrece respuestas y soluciones en las temáticas:

- Educación y familia.
- Alimentación y nutrición.
- Salud y bienestar.
- Desarrollo y superación personal.
- Amor y pareja.
- Deporte, fitness y tiempo libre.
- Mente, cuerpo y espíritu.

E-books:
Todos los títulos disponibles en formato digital están en todas las plataformas del mundo de distribución de e-books.

Manténgase informado:
Únase al grupo de personas interesadas en recibir, de forma totalmente gratuita, información periódica, newsletters de nuestras publicaciones y novedades a través del QR:

Dónde seguirnos:

 | @amateditorial

  | Amat Editorial

Nuestro servicio de atención al cliente:
Teléfono: **+34 934 109 793**
E-mail: **info@profiteditorial.com**

HÉLÈNE GATEAU

TODO LO QUE TU PERRO QUIERE QUE SEPAS

Amat
editorial

La edición original de esta obra ha sido publicada en francés por Albin Michel bajo el título *Tout sur votre chien*, de Hélène Gateau.

© Hélène Gateau, 2023
© Profit Editorial I., S.L., 2023
  Amat Editorial es un sello de Profit Editorial I., S.L.
  Travessera de Gràcia, 18-20, 6.º 2.ª, 08021 Barcelona

Diseño de cubierta: Xic Art
Maquetación: Fotocomposición gama, sl.
Ilustraciones: Shutterstock.com

ISBN: 978-84-19341-84-6
Depósito legal: B 15024-2023
Primera edición: Octubre de 2023

Impreso por: Gráficas Rey
Impreso en España - *Printed in Spain*

❖ ÍNDICE ❖

Segunda parte
EL DÍA A DÍA CON TU PERRO

Tercera parte
EDUCAR A TU PERRO

Cuarta parte
CUIDAR DE TU PERRO

Fiel compañero del ser humano, el perro se ha hecho indispensable en nuestras vidas. Nos entretiene, nos acompaña y nos hace mejores. Cada uno de nosotros tiene una relación única con su perro, que a menudo no se puede explicar. Sin embargo, las preguntas que nos hacemos sobre nuestros perros nos incumben a todos los dueños de perros por igual. Me di cuenta de ello durante mi dilatada experiencia profesional: en clínicas veterinarias, en las carreteras de Francia para los programas de televisión «Midi en France» y «Hélène et les Animaux», así como al micrófono en «Vincent de 5 à 7».

¿Cómo elegir un cachorro? ¿Cómo acogerlo? ¿Cuáles son las normas que hay que establecer en casa? ¿Cómo enseñarle a hacer sus necesidades? ¿Cómo evitar que pida comida a terceros? ¿Qué debo hacer si está enfermo?

La lista es larga y toca todos los aspectos de la vida diaria con un perro. En este libro, he querido dar respuestas sencillas y concretas a todas estas preguntas que me han hecho a lo largo de los años y que me parecen esenciales para elegir al perro adecuado, para vivir bien el día a día, para educar y cuidar a tu pequeño compañero.

Tanto si quieres adoptar un perro como si ya tienes uno, espero que este libro te ayude a comprenderlo mejor y a vivir en armonía y serenidad con él.

Si estás harto de buscar información (a veces poco fiable) por la red, ahora tienes en las manos un contenido fiable y duradero.

¡Disfruta de la lectura!

Primera parte
CÓMO ELEGIR A TU PERRO

¿CUÁLES SON LAS RAZAS DE PERRO FAVORITAS DE LOS ESPAÑOLES?

Desde la pandemia de covid-19 el número de mascotas se ha incrementado en todo el mundo. Sin embargo, aunque en muchos países se prefiere a los gatos por encima de los perros, esto no ocurre en España: hay unos 8 millones de perros por unos 6,5 de gatos. Por ello, la cría de perros sigue en auge en nuestro país, ya que los españoles siguen prefiriendo un perro de pura raza. Para obtener esta denominación, el animal debe estar inscrito en el LOE (Libro de Orígenes Español), que expide un pedigrí, el documento oficial que contiene la genealogía del perro y certifica con exactitud sus orígenes. Si adquieres un cachorro de raza, tendrás que inscribirlo en el LOE de forma provisional, hasta que se someta a un procedimiento de confirmación por el que un juez lo evalúa asegurándose de que se ajusta al estándar de la raza.

Estas son las diez razas favoritas de los españoles, según las inscripciones en el LOE:

- **Número 1.** El **pastor alemán** es la raza canina preferida en España. Es un buen perro de trabajo, para convivir en familia o como perro para los aficionados al mundo canino. Es robusto, atlético y equilibrado gracias a muchos años de trabajo de selección.

- **Número 2.** El **setter inglés** es la segunda raza canina más inscrita en España. Esta raza se caracteriza por una piel moteada y un pelaje compuesto de una capa larga y sedosa. Su punto fuerte es la búsqueda de presas de caza en campo abierto.

- **Número 3.** El **labrador** es quizá una de las razas más populares a nivel mundial. De color negro, beis o chocolate, es el perro familiar por excelencia. Sus cualidades hacen honor a su reputación: a veces mimoso y protector, también es atlético, cazador, intrépido, nadador, juguetón y sociable.

- **Número 4.** El **caniche** es originario de Francia, donde fue la raza de la nobleza hasta el siglo XV, cuando empezaron a popularizarse entre todas las clases sociales. Inicialmente su funcionalidad era la de perro cobrador de aguas para la caza. De hecho, el origen de sus famosos pompones es proteger sus partes más sensibles como las articulaciones o el pecho contra el frío y el agua.

- **Número 5.** El **chihuahua** es una raza de moda, más bien urbana. Su pequeño tamaño (menos de tres kilos) no debe hacernos olvidar que sigue siendo un perro y no un juguete de exhibición que llevemos siempre en brazos. Necesita ser adiestrado y socializado tanto como otras razas para su correcto equilibrio, pero también para que acabe siendo un buen perro de compañía.

- **Número 6.** El **golden retriever** es un gran perro de familia. Gentil, inteligente y leal, inspira empatía y tiene un carácter muy tranquilizador. Esta es una de las razones por las que esta raza es tan popular entre las personas ciegas y con otras discapacidades. Pero, como a to-

das las demás razas, es un perro al que hay que educar y socializar.

- **Número 7.** El **bichón maltés** es el perfecto guardián de casa, ya que dará la voz de alarma ante cualquier visita inesperada. Su pelaje denso y brillante, la textura sedosa y el color blanco inmaculado, le confieren una belleza muy peculiar. Es un perro ideal de compañía.

- **Número 8.** El **pomerania** es originario de la región homónima a caballo entre Alemania y Polonia. Posee dos capas de pelo: una corta y lanuda, que sirve para resguardarlos de las inclemencias; y otra de pelo liso y largo. Lo más apreciado por sus propietarios es su carácter: siempre alegre, ya que siente verdadera devoción por las personas.

- **Número 9.** El **perro de agua** es la única raza autóctona de España en esta lista de 10. Hay constancia de esta raza en zonas de Andalucía desde hace unos 1.000 años. Su pelaje lanudo le da unas características muy singulares. Es atlético, alegre y leal.

- **Número 10.** El **schnauzer** fue una raza muy popular en las granjas, pero despreciada durante mucho tiempo por la nobleza. Ágiles, amistosos y desconfiados, su carácter, siempre en alerta, requiere de entrenamiento para que lleguen a aceptar a otros perros y puedan relajarse.

¿SABÍAS QUE...?

Esta clasificación solo tiene en cuenta los perros inscritos en el LOE. Por tanto, quizá no sea perfectamente representativa, ya que también es posible adquirir perros «tipo» o «afines» a los labradores, cockers, jack russells, etcétera, en tiendas de animales o a particulares.

¿QUÉ PERRO
ME CONVIENE?

La especie canina se caracteriza por una gran variedad de razas: la Federación Canina Internacional cuenta más de trescientas. Si quieres adoptar un perro de raza pura o afín, tienes donde elegir, pero no siempre es fácil.

A la hora de elegir un perro, el aspecto, el tamaño y el pelaje son criterios que atender, ¡pero no te olvides del carácter! Aunque cada perro tiene su propia personalidad, todas las razas poseen características de comportamiento particulares.

En efecto, es importante tomar en consideración que las razas se seleccionan, algunas desde hace siglos, en función del uso que el hombre hace o ha hecho de ellas. Esta selección se basa tanto en la morfología como en el comportamiento y las aptitudes: para cada raza se establece un estándar en función de las tendencias del carácter.

Por ejemplo, un jack russell terrier, aunque pequeño, es originalmente un perro de caza.

En cierto modo, esto está en sus genes y a veces explica la decepción de los urbanitas que han adquirido un jack russell por su aspecto y tamaño, sin tener en cuenta su temperamento básico. Así, en un piso puede resultar un animal hiperactivo, destructivo y ladrador en exceso, porque este estilo de vida no se corresponde en absoluto con su naturaleza. Algunos perros grandes (como el gran danés) se adaptarán mucho mejor a la vida en la ciudad que un perro más compacto porque no tienen un fuerte instinto de caza ni una gran necesidad de hacer ejercicio.

Antes de hacerte con un perro, pregúntate lo siguiente:

- **¿Qué estilo de vida le vas a ofrecer?**
  Largos paseos diarios, una presencia permanente o no, una vida con niños, muchos viajes, convivencia con gatos, salidas en bicicleta todos los fines de semana, un jardín seguro...

- **¿De qué presupuesto dispones?**
  Ten en cuenta que un perro grande es obviamente más caro que uno pequeño (en comida, gastos veterinarios...). Algunas razas también tienen una salud más frágil.

- **¿Ya has tenido perros o es tu primera experiencia?**
  Cualquier perro necesitará ser educado para adaptarse a la familia y a tu estilo de vida.
  La capacidad de aprendizaje y adaptación difiere según las razas.

- **¿Estás preparado para tener un perro que requiera muchos cuidados (cepillado regular, aseo...)?**

- **¿Qué rasgos de carácter buscas?**
  Juguetón, tranquilo, deportista, intrépido, atento, cariñoso, independiente, protector: asegúrate antes de tomar la decisión.

Una vez aclarados todos los criterios importantes, infórmate sobre las distintas razas: tu veterinario, los criadores o los propietarios actuales podrán darte su opinión y ayudarte.

Por supuesto, la biología no lo es todo: el temperamento evoluciona según su predisposición genética, el entorno y la educación.

Elegir un perro con pedigrí permite determinar al menos su perfil y sus necesidades de comportamiento en la edad adulta.

En cualquier caso, piénsatelo bien y no adoptes un perro por capricho, por ejemplo, durante una visita a una exposición canina.

UN CONSEJO

Optar por un cruce, sobre todo si es cachorro, es una apuesta de futuro más arriesgada, ya que no puedes predecir su tamaño final ni su temperamento tipo, sobre todo si no conoces a sus padres. Pero esto te da más margen para educarlo según tu propio estilo de vida, si no lleva en sus genes instinto de perro pastor, perro guardián o perro de caza.

Además, se dice que los perros cruzados suelen ser de salud más fuertes, ya que no han estado tan expuestos a la endogamia: el riesgo de enfermedades hereditarias o congénitas es menor que en los perros de raza.

¿ES EL PERRO UN BUEN COMPAÑERO DE JUEGOS PARA LOS NIÑOS?

Tener un perro en casa conlleva una serie de limitaciones (educarlo, sacarlo, gastos veterinarios, cuidado durante las vacaciones) que se ven ampliamente compensadas por todas las ventajas en el día a día.

Si tienes hijos, tu perro ocupará un lugar especial a su lado. A los niños pequeños, su presencia les aportará espontaneidad, curiosidad y sorpresa: el perro les hace moverse, tocarlo (quieren seguirlo y acariciarlo), capta su mirada y atención. Es estimulante y contribuye al desarrollo motor y cognitivo de los más pequeños.

Cuando crecen y alcanzan la edad de tres o cuatro años, tu perro puede convertirse en un verdadero amigo para ellos. Desempeña un papel en el desarrollo social, relacional y emocional del niño. Asegúrate de enseñarle a tu hijo las normas básicas: no tirarle de la cola ni del pelo, no meterle los dedos en los ojos, no molestarlo mientras duerme o come.

Lo mejor es que tu hijo no necesita expresarse bien ni hablar para interactuar con el perro. Encuentra en este compañero un interlocutor propio con el que establece una comunicación no verbal. Es un compañero de juegos ideal: siempre disponible, da la sensación de estar a merced del niño.

Por otra parte, el perro no juzga, lo que no ocurre en la escuela o en casa. Es una presencia tranquilizadora y protectora para tu hijo, que reduce el estrés que puede provocar una situación nueva.

Los padres pueden utilizar la vida del perro como una especie de guía para que el niño aprenda a asearse, acostarse y comer, pero también para que tome conciencia del ciclo de la vida (comprender las distintas etapas de la infancia, la adolescencia, la edad adulta, la vejez, pero también la enfermedad y la sexualidad).

Hacia los siete u ocho años, puedes empezar a responsabilizar más a tu hijo: enséñale a darle de comer al perro, a llevarlo con correa durante los paseos, a acompañarte al veterinario. Es el momento en que encuentra en el animal a un confidente al que expresarle sus alegrías, penas y preocupaciones, sin riesgo de que divulgue sus secretos. Entre ellos surgirá una amistad y una lealtad inquebrantables.

Está científicamente demostrado que la presencia de un perro, a través del contacto visual o táctil que se puede tener con él, estimula la producción de oxitocina, la hormona del apego y la felicidad. Los niños que crecen con un animal son más empáticos, más sociables y controlan mejor la ira.

UN CONSEJO

Puede que tu perro sea el más simpático del mundo, pero tu presencia siempre será necesaria si tu pequeño interactúa con él, para así evitar posibles accidentes. Tu perro puede reaccionar instintivamente si se ve acorralado por tu hijo o estresado por sus gritos y agitación. El animal puede empujar o morder para escapar de una situación incómoda.

Tu supervisión también es necesaria para el bienestar de tu perro, ya que a veces los niños querrán ejercer su autoridad sobre el animal y convertirlo en su chivo expiatorio, en la válvula de escape de su ira.

¿MACHO O HEMBRA?

Ya te has decidido. Quieres tener un perro a tu lado, cachorro o adulto, pero no sabes si es mejor elegir un macho o una hembra. No existe ningún estudio científico importante que defina el carácter en función del sexo. El comportamiento de un perro depende sobre todo del entorno en el que nace y de la educación que recibe, independientemente de su sexo.

Dentro de una misma raza, las hembras suelen ser más pequeñas y pesar menos que los machos: este es un criterio que se puede tener en cuenta.

- Pese a todo, existen diferencias fisiológicas ligadas a la madurez sexual.

  Las hembras entran en celo dos veces al año; aunque su comportamiento cambia poco, no es un periodo agradable para el propietario (pérdida de sangre, atracción por los machos de su entorno). Sin embargo, como en la actualidad se recomienda encarecidamente esterilizar a una hembra no reproductora antes de que entre en celo, este ya no es un criterio de elección.

  Es más probable que un perro macho sexualmente maduro busque pareja, huya o se masturbe si una hembra está en celo en las cercanías. Puedes castrar al perro si este comportamiento se vuelve molesto y recurrente.

- Machos y hembras también difieren en su forma de orinar. Una hembra lo hace en cuclillas y a menudo de una sola vez, mientras que en el macho adulto, la micción y el marcaje de la orina se superponen: tenderá a vaciar la vejiga en cantidades más pequeñas y en varias veces. En resumen, un paseo con un macho llevará más tiempo que con una hembra. Pero, para el bienestar de tu mascota, si vives en un piso, no se recomienda en absoluto limitar las salidas con una hembra y volver a casa en cuanto haya hecho sus necesidades.

- Si deseas compartir actividades deportivas con tu perro, los machos suelen ser más enérgicos y resistentes que las hembras: este puede ser otro criterio de elección. En cambio, las hembras son algo más dóciles, pero también más miedosas, y los machos son algo menos sociables con otros perros. Una hembra será más cariñosa con los niños y el macho estará más dispuesto a hacer guardia.

¿SABÍAS QUE...?

Dado que las hembras alcanzan la madurez sexual antes que los machos, parece que aprenden antes. Esto no significa que sean más inteligentes, sino que a la misma edad son más receptivas a la educación.

¿DÓNDE PUEDO HACERME CON UN PERRO?

Has decidido compartir tu vida con un perro. ¿A quién debes acudir para pedirle consejo sobre cómo adoptar una mascota sana?

- Has oído hablar del nacimiento de una camada en tu círculo de amigos y familiares, así que esta puede ser una oportunidad para que adoptes uno de los cachorros. En cualquier caso, no actúes por capricho. Visita a tus amigos para conocer a toda la camada y a la madre: su carácter influirá inevitablemente en el de sus crías. Averigua el tamaño del padre para que no te lleves sorpresas desagradables: ¿fue un apareamiento deseado o un encuentro fortuito?

- Decidir acoger un perro en casa también puede ser una oportunidad para hacer una buena obra. Hay muchos perros en las perreras a la espera de un hogar. Pregunta en las asociaciones protectoras de animales de tu zona; algunas tienen perreras y otras trabajan con familias de acogida. Seguro que encuentras un perro (joven o adulto) a tu medida. Ya sea por edad, sexo, tipo morfológico o temperamento, allí se pueden encontrar todos los perfiles, incluso a veces perros de raza. No esperes encontrar solo animales problemáticos o enfermos (aunque ellos también merezcan ser cuidados), pues pueden haber acabado allí tras la muerte de su dueño, un divorcio o a resultas de una camada no deseada. Visita refugios y asociaciones para encontrar al compañero adecuado. Obsérvalos, pasa tiempo con ellos, haz preguntas sobre su pasado, su comportamiento y su salud. ¿Al perro que te atrae lo abandonaron sus anteriores sueños, se escapó? Quizá su vida era demasiado aburrida y, con el entorno que le puedas ofrecer, no tendrá motivos para marcharse. Ten en cuenta, sin embargo, que un animal que ha estado en un refugio, durante más o menos tiempo, a menudo requerirá más implicación por tu parte, tiempo y paciencia para adaptarse a su nueva vida familiar. Pero ¡qué satisfacción sentirás por haberle dado una segunda oportunidad a un animal abandonado!

- Si deseas adquirir un perro con pedigrí, puedes informarte en los clubes de raza o en la página web de la RSCE (Real Sociedad Canina de España). En internet encontrarás anuncios de criadores profesionales y aficionados. Es esencial visitar las perreras o las casas particulares para ver el entorno en el que crecen los cachorros y hablar del carácter de los padres (no solo la madre ejerce una influencia importante) para decidirse. No obstante, estate atento, ya que el hecho de que alguien se considere «criador» no siempre es, por desgracia, garantía de calidad y buen trato hacia los animales.

- Las tiendas de animales también ponen cachorros a la venta, pero esta práctica ha sido prohibida ya en algunos países, como en España (gracias a la ley de Bienestar Animal de 2023).

¿SABÍAS QUE...?

Desde el 1 de enero de 2016, las normas para la comercialización de animales en línea han cambiado con el fin de ofrecer un mejor marco. Pero las leyes se van modificando con el tiempo para proteger mejor a los animales. O sea que antes de comprar cualquier mascota por internet o en una tienda, infórmate bien de las leyes vigentes en tu país.

¿CÓMO ELEGIR UN CACHORRO DE UNA CAMADA?

Imagina que has quedado con un criador, o con un particular, para ver la camada de la que elegirás a tu futuro compañero. Es preferible que los cachorros tengan entre seis y ocho semanas, pues solo podrás adquirir el animal de manera legal a partir de las ocho semanas. Durante la visita, debes tener en cuenta ciertos criterios para asegurarte de hacer la elección correcta.

El entorno es importante: ¿dónde y en qué condiciones ha pasado sus primeras semanas el que será tu futuro compañero? ¿Crees que el lugar es saludable? ¿Los animales están en una casa o en otro sitio? Lo ideal es integrar a un perro de compañía en la vida familiar desde su nacimiento, ya que así será mucho más sociable. Cuanto más expuesto esté a una variedad de estímulos, más capaz será de adaptarse a su nuevo entorno.

Es importante que también conozcas a la madre, puesto que su carácter influye mucho en el de sus cachorros. Observa a las crías moverse, interactuar entre ellos, pero también contigo. ¿Cómo se comportan en presencia de un extraño? Toma a los cachorros de uno en uno y observa su reacción cuando te lo acerques a la cara y lo mires directamente a los ojos: ¿te lame o te rehúye?

Ponlos a prueba. Pon algo que lleves, ya sea un bolso, una mochila o similar, en el suelo: ¿van a explorar el objeto desconocido? ¿Los intriga la novedad? Si les dejas un juguete a su disposición, ¿cuál es su reacción? Deja caer un llavero al suelo para ver cómo reaccionan ante un ruido como ese.

Observarás que no todos los cachorros se comportan de la misma manera. Puede que descubras al intrépido, al alegre, al testarudo, al reservado, al tierno, pero ten en cuenta que los expertos coinciden en que las pruebas de comportamiento de los cachorros de ocho semanas no tienen un valor predictivo real sobre su carácter futuro. Es solo una forma para que te asegures de que el cachorro no reacciona de forma totalmente inapropiada.

Lo último que hay que comprobar es si el cachorro está sano. Si se ha mostrado entusiasta y participativo en todas las actividades anteriores, es señal de que está en buena forma. Pero no te quedes ahí. Debe tener los ojos y el hocico sanos, sin secreciones ni costras. Las orejas también debe tenerlas limpias. Comprueba que no presenta enrojecimiento ni rastros de diarrea o parásitos intestinales alrededor del ano. El pelaje debe ser brillante, no escaso, sin caspa, y la piel, sana.

UN CONSEJO

Aunque se trate de una cesión gratuita, el propietario debe entregarte un certificado de buena salud expedido por un veterinario.

Sin embargo, tras la adopción, una visita al veterinario de tu elección te permitirá comprobar la salud del cachorro y descartar ciertos defectos graves (displasia, ectopia testicular, parvovirosis, etcétera).

¿CÓMO ACOGER A MI CACHORRO EN CASA?

¡Ha llegado el gran día! Llevas tanto tiempo esperándolo que, cuando tu cachorro entra en casa, es un momento que nunca olvidarás. Pero, mientras tú estás emocionado y entusiasmado, tu cachorro está muy ansioso. Separado de su madre y hermanos, acaba de abandonar el único lugar al que estaba acostumbrado. Para evitar una transición brusca, puedes darle unos días antes una camiseta vieja para que se impregne de olores familiares: será para él un objeto tranquilizador.

Para acoger a tu cachorro y no dejarlo demasiado pronto solo, es muy aconsejable tomarse unos días de descanso. Recógelo por la mañana, así tendrás todo un día para seguirle en sus primeros pasos.

Procura comprar el mismo pienso que el que estaba tomando para no alterar todos sus hábitos.

Antes de su llegada, ya habrás adquirido todo lo necesario: cuencos (uno para el agua y otro para la comida), collar y correa, golosinas, algunos juguetes de diferentes formas y texturas, y un transportín adaptado a su tamaño actual con una manta acogedora.

En las primeras semanas, el transportín es preferible al clásico cojín o cesta. Este objeto está cerrado por todos sus lados y dispone de una puerta que, al dejar abierta, tu cachorro utilizará como refugio para aislarse, descansar o escapar de los niños si son un poco invasivos. Para incitarle a entrar, si no se ha acostumbrado en casa del criador, ponle la camiseta con el olor de su antiguo hogar, algunas golosinas y juguetes: las asociaciones positivas harán que pronto le resulte un lugar agradable y lo convertirá en un refugio. Cuando esté dentro, cierra la puerta durante unos segundos; ve aumentando gradualmente el tiempo. Si se duerme dentro, cierra la puerta para que se acostumbre. Cuando te ausentes los primeros días para hacer un recado, puedes dejarlo en el transportín; allí se sentirá seguro y no hará alguna de las suyas en casa.

En su primer día, deja que tu cachorro explore su nuevo entorno. Antes habrás tenido cuidado de recogerlo todo para que la casa sea segura. Mantente cerca y dale regularmente golosinas, acarícialo y juega con él para empezar a crear un vínculo de confianza y amistad. Si tienes jardín, sácalo cada tres o cuatro horas (sin perderlo de vista) para que adquiera buenos hábitos desde el principio. Como cualquier bebé, un cachorro duerme mucho, así que respeta esta necesidad: a pesar de tu entusiasmo por su llegada, dale unos momentos para que se tome un respiro, pueda ir asimilando todas las nuevas experiencias que está viviendo y que descanse. Pídeles también a tus hijos que respeten estos momentos de tranquilidad.

Crea una rutina desde los primeros días: esto le resultará muy tranquilizador, ya que le permitirá orientarse y adaptarse más rápidamente a su vida familiar.

UN CONSEJO

Las primeras noches son siempre difíciles. La oscuridad y la soledad son una fuente de ansiedad para el cachorro e inevitablemente llorará y gimoteará. No lo dejes solo, en el garaje u otro lugar, para que duerma tranquilo, ya que esto solo aumentará su estrés.

Tampoco cedas llevándolo a tu cama: solo retrasarás el momento en que tenga que dormir solo.

Lo ideal es utilizar su transportín. Colócalo frente a la puerta abierta de tu dormitorio. De este modo, tu cachorro estará en su propio espacio seguro (te habrás encargado de cerrarle la puerta), pero no estará lejos de ti y podrá verte y oírte. Seguirá llorando, así que no caigas en la tentación de consolarlo o regañarle. Habla con tu pareja, lee un libro tranquilamente: tu cachorro necesita sentir un ambiente sereno. Las primeras noches serán difíciles, hasta que tu nuevo amigo comprenda que no tiene nada que temer en su espacio, que estás cerca y que cada mañana te encontrará para compartir buenos momentos.

¿CUÁNTO CUESTA MANTENERLO?

Antes de adoptar un perro, es importante saber cuánto dinero se necesita para cuidarlo adecuadamente. Por desgracia, hoy en día se abandonan demasiados animales porque sus dueños no pueden permitírselo. Por supuesto, nadie está a salvo de un revés económico, pero al menos asegúrate de que tu situación actual te lo permite.

Los gastos esenciales se reducen a los siguientes: equipamiento, gastos veterinarios, alimentación y otros cuidados.

Obviamente, dependiendo de la raza, el presupuesto es mayor o menor. Un boyero de Berna costará mucho más en el día a día, pero también en caso de enfermedad, que un yorkshire.

Los precios que figuran a continuación son orientativos. Evidentemente, varían en función de la tienda de animales y la clínica veterinaria (los precios en las grandes ciudades son por lo general más elevados).

Aquí tienes una estimación aproximada de cuánto te costará cada cosa:

- la cesta, de 20 a 90 euros, según el tamaño;
- los cuencos, de 15 a 30 euros;
- un collar, de 10 a 30 euros;

- una correa, de 10 a 50 euros;
- algunos juguetes, 30 euros;
- un abrigo para perros pequeños, 40 euros;
- un champú, 10 euros;
- cepillo y pasta de dientes para perros, 10 euros;
- golosinas, 5 euros;
- un cepillo para el pelo, 10 euros.

El presupuesto para comida varía mucho en función de la calidad elegida, pero sobre todo del peso del animal. Aproximadamente, el coste diario de un pienso de buena calidad para un perro pequeño (entre dos y seis kilos, del chihuahua al jack russell terrier) será de entre 50 céntimos y 1 euro, es decir, de 15 a 30 euros al mes, y puede llegar a 3 o 4 euros al día para un perro grande (del labrador al san bernardo), es decir, unos 100 euros al mes. Por supuesto, se puede pagar menos con productos de supermercado, pero una alimentación de calidad implica un mejor pelaje, menos riesgo de aumento de peso y mejor salud general (y, por tanto, potencialmente menos gastos veterinarios).

Los siguientes gastos veterinarios son ineludibles:
- vacunación, de 50 a 70 euros al año (excepto el primer año, en que son necesarias una o dos vacunas de recuerdo, por lo que se requieren una o dos consultas más);
- microchip, de 60 a 70 euros (pero, legalmente, cuando se adquiere un perro a partir de las ocho semanas de edad, este ya debe estar identificado);
- castración (para un macho), de 120 a 180 euros;
- esterilización (para la hembra), de 200 a 350 euros;
- tratamiento antiparasitario externo, de 5 a 10 euros al mes;
- desparasitación, de 5 a 7 euros por tratamiento (cuatro veces al año);

- expedición de pasaporte, entre 15 y 30 euros;
- consulta rutinaria, entre 30 y 50 euros;
- eliminación de sarro, de 100 a 150 euros.

Si necesitas que un particular cuide de tu perro o lo dejas en una residencia canina, deberás pagar entre 15 y 30 euros al día.

¿SABÍAS QUE...?

Probablemente tendrás que hacer frente a gastos adicionales, sobre todo veterinarios, ya que algunas operaciones pueden costar más de 1.000 euros (hernias discales, prótesis de cadera...). Consulta con las compañías de seguros médicos para mascotas o considera la posibilidad de reservar algo de dinero cada mes para que, llegado el momento, no te pille desprevenido.

¿DEBO ESTERILIZARLO?

Acabas de adquirir un cachorro y te preguntas si es imprescindible esterilizarlo.

Independientemente del sexo, la cirugía tiene muchas ventajas.

En primer lugar, evitarás los inconvenientes de la madurez sexual. Una perra sexualmente madura entra en celo dos veces al año, durante unas tres semanas. Este periodo va acompañado de pérdidas de sangre, además de que la hembra atrae a los machos, lo que no hace muy agradables las salidas.

La castración en los machos limitará el comportamiento sexual: no se escapará para buscar una pareja en celo, se masturbará menos a menudo y no marcará tanto con la orina. La castración también puede recomendarse cuando un macho muestra un comportamiento agresivo hacia otros machos.

Esterilizar a la mascota es una actitud responsable y cívica: ¿por qué dejar nacer más camadas cuando los refugios están saturados y se abandonan cachorros no deseados?

Pero, sobre todo, no creas que una perra necesita tener cachorros al menos una vez en su vida para estar equilibrada y sana. Más bien lo contrario, porque la gestación y el parto a veces la pueden poner en peligro.

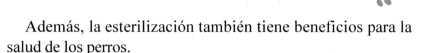

Además, la esterilización también tiene beneficios para la salud de los perros.

En las hembras, previene la aparición de enfermedades graves como la piometra (infección uterina) o los tumores mamarios, pero también evita los embarazos psicológicos tras el ciclo de celo.

En los machos, la castración limita el riesgo de hiperplasia o cáncer de próstata y, por supuesto, de cáncer de testículos, puesto que ya no los tiene.

Por todo ello, es aconsejable esterilizar a los perros antes de que alcancen la pubertad, es decir, entre los seis y los diez meses de edad según la raza (los perros pequeños alcanzan antes la madurez sexual). Este tipo de operaciones forman parte de los procedimientos más habituales de los veterinarios y los realizan casi a diario. Te pedirá que dejes a tu mascota por la mañana en ayunas y la recojas al final del día.

En el caso del macho, la castración consiste en una incisión en el escroto para extirpar ambos testículos.

En el caso de las hembras, una pequeña abertura en el abdomen o en cada flanco permite acceder al aparato reproductor. El veterinario puede extirpar solo los ovarios (ovariectomía) o los ovarios y el útero (ovariohisterectomía).

Tu mascota deberá llevar un collar protector durante diez o quince días, tras los cuales se le retirarán los puntos (a menos que la sutura se haya realizado con material de sutura absorbible).

Tras la esterilización, elige una dieta adecuada para evitar que tu perro aumente de peso. Parece que, después de la operación, el metabolismo de los perros cambia ligeramente. Pero no creas que un perro esterilizado está destinado a engordar. La actividad física y una dieta adecuada bastarán para mantenerlo en forma.

UN CONSEJO

No le des la píldora a tu perra como método anticonceptivo. No es fácil de usar y puede provocar tumores mamarios, piometra y diabetes.

En los machos, el uso de un implante con un efecto de castración química reversible (de seis meses a un año) permitirá a los propietarios reticentes ver los efectos y tomar una decisión.

¿DEBE LLEVAR MICROCHIP?

Desde principios del siglo XXI, en España la identificación es obligatoria para todos los perros (entre otras mascotas). El michochip (que asigna un número único a cada mascota) es una forma de proteger al animal. Si no está identificado, se considera sin dueño y podría llegar a ser sacrificado. La identificación también es obligatoria antes de cualquier cesión o compra de un perro o un gato. Así que, tanto si lo has comprado como si lo has adoptado de una protectora o te lo han dado unos amigos que tenían una camada, la normativa obliga a identificarlo previamente.

El microchip es del tamaño de un grano de arroz, lo implanta bajo la piel del cuello el veterinario mediante una jeringuilla con una aguja bastante grande pero muy afilada, lo que hace que el procedimiento sea casi indoloro. Cada microchip se vincula a un número único de 15 dígitos. El chip lo detecta un lector disponible en clínicas veterinarias, refugios para animales, perreras y comisarías de policía. Este proceso de identificación tiene muchas ventajas: no requiere anestesia general, es infalsificable, indoloro, eficaz de por vida y el único que se reconoce internacionalmente (debe tenerse en cuenta si se viaja con el perro). Sin embargo, sin lector es imposible saber si el animal está identificado. Por ello, merece la pena combinar la implantación del microchip con un collar provisto de una chapa que lo indique.

El precio de la implantación de un microchip oscila entre 30 y 60 euros.

UN CONSEJO

Si te mudas, recuerda vincular los nuevos datos de contacto con el número de identificación de tu perro.

¿TENGO QUE CONTRATAR UN SEGURO MÉDICO PARA MI PERRO?

Acoger a un perro en casa es siempre el principio de una bonita historia, pero también implica la responsabilidad de alimentarlo, sacarlo a pasear, ofrecerle un entorno adaptado a sus necesidades y velar por su salud. Así, los gastos veterinarios serán inevitables, ya sean de prevención (vacunación, tratamientos antiparasitarios) o para tratarlo si está enfermo o herido. Estos gastos pueden parecer elevados, sobre todo porque en países como España u otros hispanoamericanos no se está acostumbrado a pagar por los propios cuidados gracias al sistema de sanidad universal. Para los animales no hay un equivalente, pero desde hace varios años es posible contratar un seguro de enfermedad.

A través del pago de una cuota mensual, los gastos veterinarios pueden cubrirse, total o parcialmente, según la fórmula elegida.

Las compañías de seguros sanitarios suelen ofrecer varios tipos de paquetes:

- Existen planes básicos por entre 15 y 20 euros al mes. Cubren parte de los gastos relacionados con enfermedades o accidentes (consultas, revisiones complementarias, cirugía y tratamientos de base).

- Las fórmulas intermedias, por unos 20-45 euros al mes, cubren una mayor proporción de los gastos y el límite anual de reembolso es más elevado.

- Por último, existe una solución más completa, según la cual se cubren casi todos los gastos veterinarios, incluso los llamados de prevención, es decir, vacunas, esterilización, tratamientos antiparasitarios externos y de desparasitación, alimentación dietética y gastos dentales. Por supuesto, el precio es más elevado —entre 45 y 70 euros al mes— y siempre hay un límite máximo anual.

Entonces, ¿es realmente necesario contratar un seguro para mi mascota? En realidad, se trata ante todo de una elección personal que debe valorarse, pues hacerlo te permitirá hacer frente a los imprevistos.

En general, los propietarios que ya han tenido gastos importantes por una mascota anterior son los más propensos a contratar un seguro. Si a tu perro lo atropella un coche o sufre una rotura del ligamento cruzado, los gastos ocasionados pueden dispararse muy rápidamente (consulta de urgencia, radiografías, cirugía, estancia en la clínica). Pero también es posible que tu perro solo necesite una vacuna de refuerzo anual durante el resto de su vida. Por desgracia, es imposible saber de antemano cuánto te costará.

Si decides contratar un seguro para tu perro (a ser posible desde pequeño), tómate tu tiempo para comparar diferentes compañías, en función de varios criterios: la tarifa y el límite máximo de la franquicia, el periodo de carencia (esto es, entre el día de la suscripción y el inicio de la cobertura), las enfermedades excluidas, la edad hasta la que tu mascota estará cubierta, etcétera. Las pólizas que tienen en cuenta la raza de la mascota suelen ser una garantía de calidad. También debes considerar que las pólizas de seguro para perros grandes son más caras, ya que los gastos médicos serán más elevados.

¿SABÍAS QUE...?

Se calcula que cada año se practica la eutanasia a 150 000 animales debido a enfermedades graves o accidentes. Muchas de estas enfermedades y lesiones podrían haberse tratado si los propietarios hubieran dispuesto de los medios económicos necesarios. Por otra parte, está demostrado que los animales asegurados reciben mejores cuidados.

¿QUÉ ES UN «PERRO POTENCIALMENTE PELIGROSO»?

Aunque en los últimos años ha habido mucho debate político en España sobre qué significa la denominación de «perro potencialmente peligroso» (una denominación creada en 1999), la última ley de Bienestar Animal de 2023 sigue sin eliminar esta etiqueta.

Hasta finales del siglo XX, en varios países una ley clasificaba a los perros llamados «peligrosos» en dos categorías, en función de su morfología (fuerza de sus mandíbulas, tamaño y musculatura) y de si pertenecían a una raza determinada o estaban emparentados con ella. Se consideraba que estos perros representaban un peligro y un riesgo de lesiones graves en caso de mordedura.

- A los primeros se les denominó «perros de ataque». Y estaban emparentados con las siguientes razas: american staffordshire terrier (conocido como pitbull), mastín y tosa.
- A los segundos se les denominaba «perros guardianes y de defensa». Se trataba de perros que abarcaban las siguientes razas: american staffordshire terrier, tosa, rottweiler, así como los perros emparentados con esta raza.

Actualmente, la tenencia de un perro de los llamados peligrosos está estrictamente regulada en España por la ley de Bienestar Animal de 2023.

Por ejemplo, si se pasea un ejemplar de una raza considerada «potencialmente peligrosa» por un espacio público, el perro deberá llevar una correa de 2 metros o menos y también un bozal adecuado a la raza. La nueva ley también establece la necesidad de los propietarios de PPP de adquirir una licencia, además de seguir las normas propias para cualquier otro propietario de un perro, como es la realización de un curso de formación gratuito (y de validez indefinida para la tenencia de animales), y la contratación de un seguro de responsabilidad civil.

Según la nueva ley de 2023, se consideran perros potencialmente peligrosos aquellos que cumplen con algunas de estas características: fuerte musculatura, carácter marcado, mandíbulas grandes y fuertes, etc.

En España, se consideran **razas PPP** las siguientes:

- pit bull terrier
- staffordshire bull terrier
- american staffodshire terrier
- tosa inu
- akita inu
- dogo argentino
- fila brasileiro

¿SABÍAS QUE...?

Las estadísticas de casos de mordeduras muestran que los perros denominados peligrosos no son los más representados. Cuanto más popular es una raza, más presente está en las estadísticas de mordeduras. Las tres razas responsables del mayor número de mordeduras son el pastor alemán, el labrador y el jack russell terrier.

Aunque la ley sobre los perros peligrosos ha podido evitar abusos (posesión de este tipo de animales por personas no autorizadas que podrían utilizarlos como armas), no debemos caer en la trampa de dejarnos llevar por las apariencias y señalar sistemáticamente con el dedo a este tipo de perros que, cuando están bien educados y socializados, no son más agresivos que otros.

Segunda parte
EL DÍA A DÍA CON TU PERRO

¿POR QUÉ MI PERRO TIENE TAN BUEN OLFATO?

Se sabe que los perros tienen un olfato muy desarrollado. Se dice que su capacidad olfativa es diez mil veces superior a la nuestra, lo que se explica por diversas razones anatómicas.

La mucosa que recubre la cavidad nasal de los perros mide doscientos centímetros cuadrados y contiene trescientos millones de receptores olfativos, mientras que en los humanos esta superficie se limita a tres centímetros cuadrados con seis millones de células olfativas. Los perros con un hocico largo tienen mejores capacidades que los perros de hocico aplastado, por ejemplo.

La zona del cerebro dedicada al análisis de los olores es, proporcionalmente, cuarenta veces mayor en los perros que en los humanos: se calcula que el 10% del cerebro del perro está dedicado al sentido del olfato.

Estudios científicos recientes han demostrado que el 12% del aire que respira el perro lo utiliza para alimentar el sentido del olfato, lo que le permite aislar un único olor de todos los que lo rodean.

Asimismo, el perro, al igual que el gato o el caballo, posee lo que se conoce como órgano vomeronasal —o de Jacobson—, situado encima del paladar, justo detrás de las fosas nasales.

Este órgano funciona independientemente del sistema olfativo tradicional: solo sirve para analizar las feromonas, sustancias químicas que reflejan la identidad de cada individuo concreto. Además, llama la atención la particular actitud que adoptan los perros cuando utilizan este órgano: levantan el hocico, dejan la boca ligeramente entreabierta y parecen oler con delicadeza y concentración lo que acaban de detectar.

Las capacidades olfativas de los perros son tales que, a día de hoy, ninguna tecnología puede igualarlas. Por eso se recurre a ellos en numerosos campos: para el rescate en aludes, en la búsqueda de trufas o de personas desaparecidas, como detectores de explosivos o estupefacientes, etcétera. Recientemente, incluso se ha requerido su ayuda en protocolos experimentales para la detección precoz del cáncer de mama o de próstata.

Algunas razas obtienen mejores resultados que otras, como los pastores alemanes, los malinois, los golden retrievers y los labradores. Pero el campeón absoluto sigue siendo el perro de san huberto.

UN CONSEJO

Cuando estés en casa, haz que tu perro persiga algo a modo de juego (escondiendo un juguete o una recompensa). Estas actividades son divertidas y estimulantes, y le ayudarán a reforzar sus cualidades olfativas al tiempo que crean momentos felices de complicidad.

¿CÓMO VE Y OYE?

Para comprender mejor a tu perro, es interesante saber un poco más sobre cómo percibe el mundo que lo rodea. Su olfato es mucho mejor que el nuestro, pero ¿y su vista y su oído?

El espectro de colores que perciben los perros es más reducido que el nuestro: parece que ven en tonos pastel que varían entre el azul, el color crema, el gris y el morado. Esto significa que no serían capaces de distinguir entre un objeto rojo y uno verde, por ejemplo. La visión de un perro sería similar a la de una persona daltónica.

Su percepción de los detalles en la cercanía es bastante pobre, pero porque no le resulta muy útil. Podría decirse que es a la vez hipermétrope y miope. En cambio, puede ver los objetos en movimiento a gran distancia mucho mejor que nosotros.

Los perros también tienen una buena capacidad para ver objetos y formas en la oscuridad. Aunque su visión nocturna no sea tan buena como la de los gatos, necesitan cinco veces menos luz que nosotros para ver en la penumbra.

Por otro lado, la posición de los ojos del perro (que varía según la raza) le confiere un campo de visión muy amplio (250 grados frente a los 180 de los humanos). A pesar de ello, podemos admitir claramente que a grandes rasgos la vista del perro está menos desarrollada que la nuestra.

Ahora bien, de lo que no cabe duda es de que su audición es mucho mejor.

De hecho, los perros son capaces de orientar las orejas e incluso separarlas entre sí para identificar la fuente de los sonidos, pero también para aislarlos.

Además, su rango auditivo es extremadamente amplio: oyen ultrasonidos, sonidos en altas frecuencias que los humanos no podemos distinguir. Por eso tu perro puede sorprenderte, por ejemplo, cuando se planta delante de la puerta de casa al volver tu pareja mucho antes de que tú mismo hayas oído el sonido del motor.

¿SABÍAS QUE...?

Algunas razas de perros tienen una mayor tendencia a alumbrar cachorros sordos; entre ellas están los dálmatas, bull terriers, setters ingleses, jack russel terriers, cockers, pastores australianos y boston terriers. Cuando un perro nace con sordera, es silencioso, pero no sufrirá porque sus otros sentidos, como el olfato, la vista y el tacto, le permiten llevar una vida completamente normal. Si el perro que acabas de adoptar es sordo, no te inquietes: hay muchas formas de educarlo para que se adapte e integre perfectamente en tu vida.

¿CÓMO SE COMUNICAN LOS PERROS ENTRE SÍ?

A veces se dice de los perros que solo les falta hablar. Sin embargo, cuando uno se toma el tiempo de observar a dos canes interactuando, no puede dejar de impresionarse por la variedad de comportamientos que utilizan para comunicarse.

- En primer lugar, el perro se expresa vocalmente: ladra, gruñe, aúlla o incluso gimotea. El repertorio de vocalizaciones es lo suficientemente amplio como para expresar diferentes sentimientos: disgusto, excitación, miedo, para advertir de un peligro... Este abanico de sonidos se ha desarrollado mucho en el perro durante su evolución junto al hombre.

- El lenguaje corporal es también uno de sus medios de comunicación: la actitud general, la posición de las orejas y la cola —y la frecuencia con la que la mueve—, incluso los gestos que hace con la boca. Nada responde al capricho: cada postura tiene un significado y su comportamiento debe analizarse en conjunto.

  Por ejemplo, si tu perro se tumba con el rabo entre las piernas (a veces incluso enseñando la barriga), está enviando una señal de tranquilidad a otro perro. Por el contrario, si lleva la cabeza, la cola y las orejas erguidas, está mostrando confianza y seguridad en sí mismo. Para impresionar a otro perro (reacción defensiva u ofensiva), llegará a erizar el pelo del lomo para parecer aún más grande e imponente.

Cuando dos perros se cruzan, reconocen inmediatamente las intenciones del otro y son capaces de adaptarse para evitar el conflicto.

- También interactúan físicamente entre sí para hacerse entender. Actitudes como lamerse, imponerse sobre su congénere o morderse son formas de expresar sus intenciones.

- El perro utiliza asimismo otro sentido: el olfato. Al oler la orina o las heces de otro perro, es capaz de saber su sexo, salud, estrés, estado hormonal y edad. Por eso los perros se huelen el trasero casi inmediatamente cuando se encuentran por primera vez. También por eso los machos orinan unas veinte veces por paseo: dejan su *identidad* en el vecindario. Cuando un perro rasca el suelo con las patas traseras después de hacer sus necesidades, deja un doble rastro: visual, con los surcos de las garras, y olfativo, gracias a las moléculas olorosas que contiene en las glándulas sebáceas situadas entre las almohadillas.

Estos son, por tanto, los principales tipos posibles de interacciones que tienen los perros entre sí: visual, olfativa, táctil y auditiva.

¿SABÍAS QUE...?

Haría falta todo un manual para descifrar el significado de todos los comportamientos del perro. Pero, si le prestas más atención, podrás comprender mejor sus actitudes y no harás sino mejorar vuestra relación.

¿CÓMO ME COMUNICO CON MI PERRO?

La relación entre los humanos y los perros es excepcional porque, pese a ser dos especies totalmente distintas, compartimos un mismo espacio, evolucionamos de manera conjunta y también a veces trabajamos juntos.

Esta cercanía fue fruto de la enorme capacidad de adaptación de los perros para satisfacernos y ayudarnos.

Para sacar lo mejor de tu perro, es esencial saber comunicarse bien con él y facilitar que te entienda perfectamente.

Por supuesto, puedes hablarle, pero pocas palabras tienen un significado real para él. Lo que más interpretará es la entonación, pero sobre todo el lenguaje corporal. Los perros son capaces incluso de descifrar nuestras emociones mirándonos a la cara. No olvides que tu perro pasa gran parte del día observándote. Probablemente te conoce mejor de lo que crees; de hecho, muchos dueños cuentan que su perro se acerca y se acurruca junto a ellos cuando tienen un disgusto o les dejan su espacio cuando llegan enfadados del trabajo.

En cuanto a la entonación que debes usar con tu perro, se ha demostrado que los humanos adaptan instintivamente su forma de hablar, al igual que se hace con un niño pequeño, articulando más, hablando más despacio, repitiendo más, con frases y palabras cortas. Los científicos han llamado a este lenguaje «doggerel».

Sin embargo, según las circunstancias, este lenguaje debe adaptarse.

Por eso, cuando elogies a tu perro por su buen comportamiento, utiliza un tono alegre, pon cara sonriente y no temas exagerar tu entusiasmo con el lenguaje corporal. Los perros perciben los tonos agudos como un estímulo, así que no tengas miedo de parecer ridículo.

Cuando des una orden («Siéntate», «Dame»), utiliza un tono y una actitud más neutros, pero siempre con ánimo.

Si tu perro hace algo mal, basta con un tono de voz firme para decir «No». Pero no utilices demasiado esta palabra, o acabará perdiendo su significado para tu perro.

Como tu perro no se lleva bien con los idiomas, no entenderá las frases demasiado largas. Por ejemplo, «Deja en paz al niño, que le dan miedo los perros» es mucho menos eficaz que «Déjalo en paz» o «Ven aquí», si se lo has enseñado previamente.

No dudes en apuntar el vocabulario aprendido y el comportamiento que debe adoptar. Sé coherente y pídeles a todos los miembros de tu familia que también lo sean. No confundas al perro y concíbelo todo con tanta claridad como le muestres al perro.

Asimismo, puedes hablarle a tu mascota como si estuvieras manteniendo una gran conversación con ella; es una forma de mostrarle atención. Pero no esperes que lo entienda. La función es completamente distinta.

No confundas los mensajes: asegúrate de que tu lenguaje corporal está en consonancia con tu entonación y con lo que quieres transmitir. ¿Tu perro está al fondo del jardín y quieres que entre en casa? No te muestres tenso ni uses un tono alterado, pues es poco probable que quiera volver.

Mantén una comunicación sencilla. Identificarás rápidamente los contactos físicos que le gustan: que le acaricies el cuello, le rasques en el lomo... Pocos no aprecian incluso unas palmaditas en la cabeza o que los tomes en brazos. Adáptate a sus preferencias.

¿SABÍAS QUE...?

Los científicos han demostrado repetidamente que los perros tienen una capacidad asombrosa para entendernos prestando atención a nuestras manos. Saben que desempeñan un papel fundamental en nuestra comunicación. Por ejemplo, cuando señalamos un objeto con el dedo, el perro es capaz de moverse hacia el objeto y dejar de prestarle atención al dedo. Ni siquiera nuestros primos más cercanos, los chimpancés, tienen esta capacidad.

¿CUÁLES SON LAS NORMAS QUE HAY QUE ESTABLECER EN CASA?

Cuando traes un perro a casa, independientemente de su edad, es importante enseñarle algunas normas. Para establecer una relación armoniosa, es importante tener en cuenta las necesidades de comportamiento de tu perro, pero también fijar ciertos límites.

Las cuestiones relacionadas con la limpieza y la higiene son sumamente importantes. Si has adoptado un perro adulto que no está educado, la situación no es irreversible, pero llevará tiempo y más paciencia.

En casa, es necesario definir el espacio de tu mascota desde el principio.

El lugar donde duerme es importante, tanto para él como para ti. Es fácil imaginar que debes elegir una habitación tranquila o, al menos, un lugar de la habitación que no esté demasiado transitado, o incluso que sea algo apartado (un rincón), para así facilitarle un sueño de calidad. Debes evitar colocar la cesta del perro en un lugar concurrido (pasillo o entrada), ya que el perro podría seguir todos tus movimientos. Te corresponde decidir si tu mascota tendrá o no acceso a los dormitorios. Es una decisión que debes tomar desde el principio y atenerte a ella. Si está prohibido, puedes enseñarle, por ejemplo, a esperar tranquilamente delante de la puerta. Dejarlo subir a la cama es decisión tuya.

Debes saber que conlleva desventajas: puede repercutir en la calidad de tu sueño, en la higiene y, a veces, tu pareja podría no estar de acuerdo. Pero también, algunas ventajas: os aporta bienestar, tanto a tu perro como a ti, así como fortalece el vínculo entre ambos. Ten en cuenta que permitirle subirse a la cama es un privilegio que le estás concediendo: si el animal tiene un carácter fuerte y tendencia a hacer lo que quiere contigo, incluso desde cachorro, desde luego no es una buena idea. Lo mismo ocurre con el sofá. Por otra parte, no puedes permitirle que duerma contigo durante la semana y pedirle que se vaya a su cesta el fin de semana. Tu mascota necesita un entorno y una rutina constantes.

Dentro de casa, decide dónde poner el comedero y bebedero (normalmente en la cocina). Este es el único lugar donde se le debe dar de comer, excepto en caso de recompensa durante las sesiones de adiestramiento. Tu perro debe aprender a estar tranquilo cuando le des la comida y siempre debe comer después de ti (o al menos una hora antes de tu comida). Procura no estar cuando coma, déjalo solo y retírale el cuenco después de veinte o treinta minutos para que no tenga libre acceso a su comida en todo momento. Tú se la controlas.

Del mismo modo, nunca dejes que sea tu perro el que inicie las actividades, ya sea para jugar, hacerle cariños, pasear... Eres tú quien debe decidir cuándo hacerlo y él ha de seguirte.

¿SABÍAS QUE...?

Durante mucho tiempo, la relación entre el perro y su amo se basaba en el dominio: la persona debía ser estricta, a modo de líder de la manada, y castigarlo para que el animal fuera un ser sumiso. En la actualidad, este método coercitivo se ha cuestionado en favor de un método de educación positiva, que se basa en una relación de confianza entre el hombre y el perro. Sin embargo, la educación positiva a veces va acompañada de una actitud excesivamente permisiva. Un perro necesita límites. Si le das a tu perro demasiado control, rápidamente te verás superado por tu mascota. Mantén siempre una posición de liderazgo frente a tu perro y no le permitas controlar la casa.

¿CÓMO DEBO JUGAR CON ÉL?

El juego comienza pronto en el desarrollo del cachorro. A partir de las tres semanas de vida, los cachorros empiezan a jugar entre ellos, a luchar con suavidad, a agarrarse por el cuello. Un poco más tarde, aprenden a jugar con objetos, a perseguirse y a buscar una pelota.

El juego es fundamental. Permite a los cachorros desarrollar su psicomotricidad, pero también aprender los códigos caninos, como son la actitud que adoptan cuando se invita a jugar a un compañero (la famosa postura del perro con la parte delantera del cuerpo baja, las patas delanteras separadas y los cuartos traseros levantados moviendo la cola) o la inhibición de la mordedura (si se muerde demasiado fuerte el juego se detiene). Un perro separado del resto de la camada demasiado pronto y que ha tenido poco contacto con otros perros no sabrá jugar adecuadamente: será demasiado brusco, no sabrá parar o morderá sin darse cuenta de las consecuencias.

De adulto, es importante que tu perro tenga siempre la oportunidad de jugar con otros perros para mantener un contacto positivo. Pero tú también debes ser un compañero de juegos para reforzar el vínculo, la complicidad y la confianza.

Hay muchas formas de divertirse con un perro.

Los juegos de lucha deben evitarse y reservarse para las interacciones con otros perros. Contigo, el juego puede basarse en la resistencia y agilidad de tu mascota: lanzamiento de *frisbee*, pelota o palo, en un parque o en un río. Sin embargo, tu perro debe recordar la orden «Dámelo»; de lo contrario, el juego se acaba. Para ello, enséñaselo en casa, en un entorno tranquilo y sin distracciones, con refuerzo positivo y golosinas. Es una orden bastante fácil de enseñar.

También puedes aprovechar las excepcionales capacidades olfativas de tu perro: jugar a encontrar cosas (esconde un juguete que le guste o que te guste a ti) promete buenos momentos, sobre todo porque la búsqueda del perro se ve recompensada por el descubrimiento. Es muy estimulante para él.

Las sesiones de aprendizaje también pueden verse como un momento de juego, si les pones entusiasmo y ganas.

Si tienes un jardín, puedes usar la imaginación para crear un circuito de *agility*: una buena oportunidad para liberar tensión juntos.

Los juegos de tirar y soltar no son recomendables: el perro suele ganar por su fuerza física y tenacidad, acaba haciendo un uso excesivo del mordisco y se excita rápidamente. Por lo tanto, no tiene sentido recurrir a ellos.

Cuando juegues con tu mascota, recuerda que siempre debes ser tú quien inicie estos momentos. Aunque sea una oportunidad para que libere su exceso de energía, debe permanecer bajo control para que puedas parar en cualquier momento y evitar que la situación se vaya de las manos. Termina tú el juego, pero siempre con una nota positiva.

Anima al perro a jugar por su cuenta: cada vez hay más juegos disponibles en las tiendas de animales y en internet que estimulan la agilidad y la capacidad de pensar del animal para conseguir una golosina. Ofrécele también juguetes seguros para morder.

Recuerda que el juego puede ser una forma de recompensa para los perros que se portan bien. De hecho, los perros detectores (aduanas, búsqueda de personas desaparecidas) *trabajan* con un objetivo en mente: la recompensa de encontrar el objeto de tela —motivador— con el que juegan con su adiestrador.

¿SABÍAS QUE...?

Cuando dos perros juegan a pelearse o a perseguirse, la diferencia entre juego y agresión es sutil. Incluso durante el juego, pueden ladrar, gruñir o fingir que se muerden. A veces, desde tu punto de vista, el juego puede parecer violento, pero rara vez lo es. Los perros bien socializados han aprendido a inhibir sus mordiscos. Les gusta retarse y desahogarse: en estos casos, no muestran indicios de tensión en el cuerpo y mueven la cola. En cambio, si gruñen mostrando los dientes, si se les eriza el pelo y exhiben rigidez, estos son signos de agresividad. Llegado el caso, no intervengas físicamente, sino que llama a tu perro con calma antes de que la situación se descontrole y recompénsalo cuando vuelva a ti.

¿QUÉ ACTIVIDADES FÍSICAS PUEDO HACER CON MI PERRO?

Tener un perro es una buena razón para mantenerse activo. Lo es para ti y para tu perro, como también es una oportunidad para compartir momentos que reforzarán vuestro vínculo. La regla principal es adaptar la actividad al perro que tienes: joven o viejo, carlino o pointer alemán, atlético o con sobrepeso, obediente o más «a su aire»...

Un perro deportivo adulto puede acompañarte a hacer *footing*, montar en bicicleta o dar largos paseos. Comprueba que llevas siempre agua en abundancia (existen cuencos de tela plegables) y dale algunos descansos para que recupere el aliento. Por supuesto, antes de dar largos paseos con tu perro, asegúrate de que te hará caso si lo llamas.

En los últimos años han aparecido muchas nuevas actividades diferentes para hacer con perros, por lo que hay mucho donde elegir. Por lo general, combinan el ejercicio físico con la obediencia, lo que es ideal para tener un perro equilibrado.

La más popular es lo que se conoce como *agility*, que se practica en muchos clubes caninos: el animal completa un recorrido sembrado de obstáculos, en un orden preciso, y tú corres a su lado.

Por su parte, el *canicross* es una práctica que consiste en que el perro lleva un arnés especial y corre delante de ti. A veces puede incluso tirar de ti. Debe evitarse hacerlo con animales jóvenes en crecimiento, ya que los tirones pueden tener repercusiones en el sistema musculoesquelético. En la misma línea, también está el *bikejoring* o el *mushing*.

La danza canina consiste en hacer una coreografía con el perro al son de una pieza musical. Tu perro aprenderá a concentrarse y a no apartar la vista de ti, lo que resulta útil en la vida cotidiana para que te obedezca.

Todas estas actividades pueden realizarse con el perro, a título individual o en un club, lo que será beneficioso para su socialización. Incluso se organizan competiciones que te supondrán un reto. No dudes en pedir más información a tu veterinario o a las asociaciones de tu zona.

Lanzar una pelota o un *frisbee* o bien jugar en el jardín también son formas estupendas de ejercitarlo. Recuerda que, cuanto más ejercitado física y mentalmente esté tu perro, más tranquilo estará en casa y más receptivo será a tus peticiones.

¿SABÍAS QUE...?

A algunos perros les encanta nadar, así que no lo prives de ello. Es bueno para todo el organismo. Sin embargo, tu perro debe estar debidamente vacunado contra la leptospirosis, ya que puede contaminarse nadando en agua sucia estancada. Cuando se bañe en el mar, acláralo siempre al terminar con agua limpia: la sal puede ser muy irritante para su piel. Lo ideal es hacerlo de manera sistemática, independientemente del lugar donde se bañe.

¿CÓMO LO ALIMENTO?

Como el ser humano, el perro es omnívoro, aunque durante mucho tiempo se creyó que la especie canina era exclusivamente carnívora. Su sentido del gusto es menos sutil que el nuestro, aunque sus papilas gustativas pueden distinguir entre sabores salados, dulces, ácidos y amargos.

Contrariamente a la creencia popular, la dieta de un perro sano es bastante estricta. Debe consistir en proteínas animales que garanticen la estructura y el funcionamiento del organismo; lípidos que aporten la energía necesaria, mantengan un pelo bonito y permitan la absorción de vitaminas liposolubles; hidratos de carbono digeribles (azúcar y almidón), que son una fuente de energía de rápida absorción para el organismo, y los hidratos de carbono no digeribles (fibras alimentarias) para mantener el confort intestinal. Por último, no hay que olvidar las vitaminas y los minerales.

Para que tu perro tenga todo lo que necesita, elige alimentos preparados. Las raciones están diseñadas por nutricionistas para satisfacer todas sus necesidades. Por supuesto, la calidad varía según la marca y será mucho mejor la de los alimentos comprados en el veterinario o en tiendas de animales.

Como la oferta es muy amplia, elige con atención, en función del tamaño o la raza del animal y de su etapa vital. En efecto, un

perro en crecimiento, una hembra gestante o lactante y un perro castrado o de edad avanzada tienen necesidades diferentes. El volumen y la forma de los granos de pienso también se adaptan a su mandíbula. Algunos alimentos están especialmente diseñados para animales que padecen enfermedades crónicas: artrosis, alergias alimentarias, insuficiencia renal, etcétera.

¿Pienso o comida húmeda? Cada una tiene sus ventajas y sus inconvenientes. Puedes optar por mezclarlas o alternarlas. La comida húmeda, como su nombre indica, contiene entre un 70 y un 80% de agua, y a menudo proteínas de mejor calidad, pero también tiene más grasa y es más cara que el pienso. Este último es cómodo (para su almacenamiento y distribución) y más económico y anima al perro a masticar, lo que tiene un efecto beneficioso en la prevención de la formación de sarro. Las cantidades que figuran en los paquetes son orientativas: puedes empezar a seguirlas y controlar a tu perro, el mejor indicador, para ajustar las raciones. Tu veterinario también puede calcular sus necesidades energéticas.

Tal vez prefieras prepararle tú mismo la comida, porque no te guste la ya elaborada. Es una posibilidad, pero piensa que tu perro no tiene las mismas necesidades que tú, por lo que darle de comer sobras no será equilibrado. Deberás preparar lo que se conoce como ración casera, con los cinco ingredientes esenciales: proteínas (carne, pescado), grasas (aceite), hidratos de carbono digeribles (maíz, arroz...), fibra alimentaria (judías verdes, calabacines...) y un suplemento de vitaminas y minerales. Pídele consejo a tu veterinario para calcular las proporciones adecuadas. Sin embargo, ten en cuenta que esto te llevará tiempo y te costará más.

También es posible que hayas oído hablar de la dieta BARF (*biologically appropriate raw food*, «alimentación cruda biológicamente adecuada»), que consiste en alimentar a los perros con comida cruda (principalmente carne y pescado), tal como lo hacen en la naturaleza. Esto requiere raciones equilibradas y es algo engorroso (compra de carne cruda y conservación para evitar la contaminación microbiana). Sin embargo, los estudios científicos no son unánimes sobre los beneficios de este método.

Lo ideal es administrarle la ración diaria en dos comidas separadas por un intervalo de ocho a doce horas. Adáptate a tu perro, controlando su peso para asegurarte de que come lo suficiente, y no demasiado.

Por supuesto, asegúrate de que tu perro tenga siempre a su disposición un cuenco de agua limpia y fresca, y presta atención a la cantidad de agua que bebe: si aumenta de forma anormal, puede ser signo de alguna dolencia (diabetes, insuficiencia renal, hipotiroidismo o enfermedad de Cushing).

UN CONSEJO

Las golosinas no deben suponer más del 10% de la ingesta diaria de calorías de tu perro, pues de lo contrario podría engordar o saltarse comidas.

No dudes en contar o pesar la cantidad de golosinas cada día para saber cuántas calorías ingiere. Prepáralas cada mañana en un recipiente; así te asegurarás de mantener la cantidad bajo control.

Elige golosinas especialmente diseñadas para perros; algunas son buenas para la higiene bucal. Por lo demás, puedes ofrecerle pequeños trozos de salchicha o queso, o incluso zanahorias o pepinos (a algunos perros les gustan), pero no pan, azúcar o tarta, aunque a tu perro le encanten (sienten una fuerte inclinación por lo dulce, pero podrías estar fomentando la diabetes), ni uvas (son una fruta tóxica para perros y gatos).

MI PERRO ESTÁ DEMASIADO GORDO: ¿QUÉ PUEDO HACER?

La obesidad es una auténtica plaga entre los perros y puede tener graves consecuencias para su salud. Se calcula que más de uno de cada tres perros tiene sobrepeso o es obeso.

El sobrepeso provoca la aparición de muchas enfermedades y reduce la calidad y la esperanza de vida. Diabetes, dolores articulares, envejecimiento prematuro, mayor propensión a las enfermedades cardiacas y respiratorias, pero también a desarrollar cáncer, todos estos son riesgos que corre tu perro obeso si no tomas las medidas necesarias.

Un perro engorda debido a un estilo de vida sedentario, a la falta de ejercicio, a una dieta no adaptada a su edad o a su estado físico, o a un exceso de golosinas (como muestra de afecto o por un sentimiento de culpa por dejarlo solo en casa). Pero también puede sufrir una enfermedad hormonal como el hipotiroidismo. Por otra parte, no hay que olvidar que un animal esterilizado tiene un metabolismo que requiere menos energía que un animal que no lo está. Algunas razas parecen estar más predispuestas a engordar: labrador, cocker, rottweiler, perro salchicha, carlino o bichón.

El primer paso es reconocer que tu perro tiene sobrepeso y no negarlo. Para saber si tiene un peso adecuado, míralo desde arriba, en plano cenital: debe tener la cintura despejada. Colócale las manos a ambos lados del pecho. ¿Puedes contarle las costillas bajo la fina capa de grasa subcutánea? Si debes esforzarte un poco, el perro tiene sobrepeso. Si ni aun así puedes palpárselas, es probable que sea obeso. Puede presentar bultos de grasa en las caderas, en la base de la cola, en las ingles y en el cuello.

Tras un minucioso examen clínico, es probable que tu veterinario recomiende un alimento bajo en calorías, con una cantidad de proteínas acorde con las necesidades del animal para que no pierda masa muscular, fibra para aumentar la sensación de saciedad y un menor contenido en grasa. Haz una transición gradual de su comida anterior a la nueva para evitar trastornos digestivos. Respeta las cantidades recomendadas en el envase o sigue las recomendaciones del veterinario. Te sorprenderá ver que la cantidad diaria es bastante reducida y, sobre todo, muy inferior a la que solías servirle. También es posible añadir calabacines o judías verdes cocidas a la ración de pienso: aumentan el volumen ingerido y la sensación de saciedad, y la fibra alimentaria que contienen estimula el tránsito intestinal, al tiempo que su aporte calórico es muy bajo.

Dos o tres ingestas diarias evitarán que tu perro pida comida durante el día y lo animarán a comer con menos avidez que si solo hiciera una. También puedes utilizar cuencos o juguetes para perros «tragones»; llénalos con parte de la ración diaria, lo que lo animará a tomarse su tiempo para comer y a ganarse el pienso.

Ten en cuenta la comida extra que le das: el trozo de queso para un yorkshire de tres kilos puede no parecerte mucho, pero ¿cuánto es realmente en proporción? Pudiera ser como si te comieras un camembert entero. La dieta por sí sola no bastará para conseguir una pérdida de peso eficaz y duradera: tendrás que hacer también que tu mascota se mueva más. Estimúlalo con nuevos juegos en casa o en el jardín (juegos de pelota, *frisbee*), aumenta la duración de sus paseos. Adapta los ejercicios: no le pidas a un perro muy obeso que haga un esfuerzo excesivo. Si no dispones de tiempo suficiente, no dudes en recurrir a un paseador dos o tres veces por semana, que lo llevará a un parque para que se desahogue con otros perros: es la forma ideal de despertar en él las ganas de hacer ejercicio.

¿SABÍAS QUE...?

Todos estos consejos también son válidos como prevención para evitar que tu perro aumente de peso. La lucha contra el exceso de peso debe comenzar a una edad temprana para que tu mascota se desarrolle de forma equilibrada. Además, el exceso de peso durante el crecimiento favorece la aparición de patologías articulares y ligamentosas (displasia de cadera y codo, rotura del ligamento cruzado). Sin embargo, en los cachorros de gran tamaño, el ejercicio físico no debe ser demasiado intenso para no sobrecargar las articulaciones en crecimiento.

¿HAY ALIMENTOS PELIGROSOS PARA MI PERRO?

Lo que es bueno para ti puede no serlo para tu amigo de cuatro patas. Su metabolismo es diferente y la digestión de determinados alimentos puede liberar productos tóxicos en su organismo.

• El chocolate es un alimento peligroso porque contiene teobromina. Esta sustancia actúa como diurético, estimulante cardiaco, vasodilatador y relajante muscular. Todos estos efectos combinados pueden provocar insuficiencia cardiaca e incluso la muerte. Cuanto mayor es la concentración de cacao, mayor es la cantidad de teobromina: el chocolate negro es, por tanto, más tóxico que el chocolate con leche. El riesgo de intoxicación para un perro dependerá del tipo de chocolate, de la cantidad ingerida, pero también del peso del animal. Si come con el estómago vacío, la absorción será más rápida y peligrosa. Se calcula que sesenta gramos de chocolate negro es una dosis letal para un perro de diez kilos. En caso de intoxicación por chocolate, los primeros síntomas son hipersalivación y problemas digestivos.

Luego, si la cantidad ingerida es importante, aparecen otros síntomas: aumento del ritmo cardiaco, hipertensión, temblores y pérdida de conocimiento. Si observas que tu perro ha comido chocolate (negro, con leche o incluso tarta de chocolate), calcula primero la cantidad ingerida y ponte en contacto con el veterinario.

Puede ser necesaria la hospitalización, perfusión y monitorización cardiaca. Desgraciadamente, no existe ningún antídoto para la teobromina. Este compuesto es parecido a la cafeína y a la teína: ninguna de estas sustancias es buena para tu perro.

- Por alguna razón, las uvas son una fruta tóxica para los perros, ya que provocan graves daños renales. Así que no caigas en la tentación de darle uvas como premio.

- Nunca le des cebollas, crudas o cocinadas, ya que este alimento puede destruir sus glóbulos rojos y provocarle anemia, lo que puede llevarlo a la muerte.

- También deben evitarse los alimentos de la misma familia, como el ajo y el cebollino. A veces, algunos dueños dan a sus perros comida para bebés. Esta comida no solo es inadecuada, sino que a menudo contiene cebolla y ajo.

- Otros alimentos totalmente desaconsejados: huevos crudos, pescado crudo, aguacate, frutos secos, patatas crudas o setas.

UN CONSEJO

Si tu perro ha ingerido alguno de estos alimentos tóxicos (sobre todo chocolate, uvas, cebolla o ajo), calcula la cantidad ingerida y estate atento a cualquier signo preocupante en las horas siguientes. Ante la menor duda, consulta a tu veterinario.

¿EL SOL Y EL CALOR SON PERJUDICIALES PARA MI PERRO?

El verano es un buen momento para pasar más tiempo con tu perro y realizar más actividades al aire libre. Pero, cuando brilla el sol y suben las temperaturas, recuerda tomar las precauciones necesarias.

Los perros jadean para deshacerse del calor y refrescarse. Tienen muchas menos glándulas sudoríparas que nosotros, por lo que la regulación de su temperatura corporal es menos eficaz. Además, están llenos de pelo. Esto los hace más susceptibles a los golpes de calor, más aún en el caso de los cachorros, los perros mayores, obesos, hiperactivos y en los de razas de cara achatada, que respiran peor.

El golpe de calor se produce cuando la temperatura corporal aumenta excesivamente y el jadeo ya no es suficiente para reducirla.

El perro empieza a respirar muy rápido y fuerte, pero de forma completamente ineficaz. Parece jadear manteniendo la cabeza hacia atrás. Se le oscurece la lengua, empieza a salivar, parece desorientado, confuso, y le cuesta levantarse y moverse. A veces puede mostrar síntomas de diarrea y vómitos, o incluso perder el conocimiento por completo: es lo que se denomina *shock*, que puede ser mortal.

Si notas que tu perro empieza a mostrar los síntomas de un golpe de calor, llévalo inmediatamente a un lugar fresco o, al menos, a la sombra. Échale agua fría, envuélvelo en una toalla grande mojada, ponle una bolsa de verduras congeladas en la cabeza y el cuello; el objetivo es bajarle rápidamente la temperatura corporal. Anímalo a beber para que no se deshidrate más y masajéale enérgicamente las patas con una solución a base de alcohol para activar la circulación sanguínea y evitar el shock.

Si tu perro muestra signos neurológicos (mareos, pérdida de conocimiento), acude inmediatamente al veterinario más cercano, ya que se trata de una urgencia potencialmente mortal.

Para evitar esta situación, conviene tomar algunas precauciones cuando hace calor: dale siempre a tu perro la posibilidad de ponerse a la sombra (cuidado con los lugares acristalados, que se convierten rápidamente en sitios asfixiantes), refréscalo regularmente con un poco de agua en la cabeza y el cuello, deja a su disposición un cuenco de agua grande y no lo obligues a realizar esfuerzos físicos intensos. En verano, nunca lo dejes solo en un vehículo. Incluso a la sombra y con una ventanilla entreabierta, la temperatura sube muy rápidamente en el coche y tan solo diez minutos suponen un peligro. Además, dejar a un perro encerrado en un coche aparcado en una zona sin sombra cuando hace sol o calor es un delito de maltrato animal.

¿SABÍAS QUE...?

Los perros también pueden quemarse la piel. Los perros de pelaje claro y corto son más propensos a las quemaduras solares, sobre todo en el hocico, la frente y las orejas. Aunque existen cremas solares para perros, lo mejor es que el animal esté siempre a la sombra, sobre todo si lo llevas a la playa.

¿CUÁLES SON LOS PELIGROS DEL INVIERNO PARA MI PERRO?

Cuando llega el invierno, es necesario tomar algunas precauciones para cuidar bien a tu perro.

Los cachorros, los perros mayores y los animales enfermos (por hipotiroidismo o enfermedad de Cushing, por ejemplo) tienen fisiológicamente más dificultades para mantener la temperatura corporal. Los perros más pequeños y de pelo corto están más expuestos al frío.

Si es el caso de tu perro y vivís en una casa bien caldeada, puedes conseguirle un abrigo para que disfrute de sus salidas y no sufra por el frío. En las tiendas de animales o en internet encontrarás una amplia gama de abrigos (de punto, polares, plumones, impermeables) adaptados a casi todas las morfologías caninas; en general, la talla se elige midiendo la longitud desde la base del cuello hasta la base de la cola. Elige uno que le proteja el vientre y no le restrinja los movimientos. Puede que a tu perro no le guste que lo vistan, pero se acostumbrará enseguida.

Presta atención a su actitud: si tiembla durante el paseo, significa que tiene frío y que lo mejor es volver a casa.

Si practicáis actividades físicas al aire libre, asegúrate de que tu mascota entra en calor antes de hacer ejercicio. El riesgo de lesiones articulares, ligamentosas o musculares es mayor cuando hace frío.

Para un perro que vive al aire libre, asegúrate de que su caseta sea cómoda. Debe estar protegida del viento y la lluvia, y preferentemente con paja en el suelo, que es el mejor aislante. Aumenta su ingesta de comida en un 25%, ya que para combatir el frío se requieren muchas calorías. No sobreestimes sus capacidades y dale acceso al garaje o a la casa si el periodo de frío se alarga mucho tiempo.

Dentro de casa, asegúrate de que la zona donde duerme no tiene corrientes de aire y es cómoda. No dudes en añadir una manta o un cojín, sobre todo si tu perro padece artrosis; el dolor es más intenso con tiempo frío y húmedo.

Si nieva o vas a llevar a tu perro a practicar deportes de invierno, es necesario tomar algunas medidas adicionales. A los perros les encanta jugar en la nieve, que suele ser una novedad para ellos, y tienden a excitarse y moverse mucho. Por ello, el riesgo de resfriado es mínimo. De todas maneras, debes evitar en lo posible que ingiera nieve, ya que esto puede provocarle una gastritis grave.

Cuando vuelvas de un paseo, sécalo bien y quítale los restos de hielo que le puedan haber quedado en el pelaje o entre las almohadillas: pueden provocarle grietas o incluso se le pueden congelar partes de la piel o los tejidos. Otra opción es enjuagarle las puntas de las patas con agua caliente para eliminarle los restos de hielo, así como la sal de las carreteras; esta es una sustancia extremadamente irritante cuando entra en contacto con la piel, pero también tóxica si se la traga al lamerla.

UN CONSEJO

Puedes prepararle a tu perro las almohadillas de las patas antes del invierno, sobre todo si vives en la montaña. Existen bálsamos que se aplican en las almohadillas dos o tres veces por semana para espesar la capa externa y hacerla más resistente al terreno helado.

¿DEBO LAVARLO?

Mientras que los gatos pasan mucho tiempo acicalándose, los perros no, por lo que a veces es necesario bañarlos.

Por supuesto, dependiendo del estilo de vida del perro (perro de vivienda cerrada con acceso al sofá, o incluso a la cama, o perro con caseta al aire libre), debe lavarse con más o menos frecuencia: puede ser dos veces al año, en cada cambio de estación o cada mes. Si acabas de volver de un paseo en el que se ha revolcado en algo maloliente o se ha bañado en un chorro de agua de dudosa procedencia, esto puede justificar un baño adicional.

Depende de ti que este momento sea lo menos estresante posible para que tu perro no lo perciba como un castigo. Para ello, ten a mano uno de sus juguetes favoritos, o incluso una o dos golosinas para recompensar el comportamiento positivo.

Si decides hacerlo en la bañera o el plato de ducha, es aconsejable utilizar una alfombrilla antideslizante para evitar que resbale y se asuste.

Una vez que tiene el pelaje bien humedecido, lávalo con un champú para perros, comprado en una tienda de animales o en el veterinario. Como el pH de su piel es diferente del nuestro, los productos que utilizamos les resultan demasiado irritantes, o incluso ineficaces. Elige champús a base de avena, aloe vera o proteínas vegetales, que son menos agresivos y no atacan la película lipídica de su piel.

Aplicarles simplemente champú no es suficiente. Hay que frotar bien todo el cuerpo para eliminar la suciedad y el polvo. A veces, el veterinario puede aconsejarte un champú específico para un problema cutáneo; en este caso, deja actuar cinco minutos antes de aclarar.

Al salir del baño o la ducha, envuelve al perro en una toalla grande y frótalo bien para eliminar toda el agua posible.

Si hace buen tiempo y tienes jardín, una opción es secarlo al aire libre. Si estás en un piso, puedes utilizar un secador de pelo, poniendo siempre la mano entre el secador y el animal para evitar cualquier riesgo de quemadura.

No caigas en la tentación de echarle colonia al perro. Recuerda que su sentido del olfato está muy desarrollado. Rociarlo con un aroma desconocido no solo puede molestarle, sino que también podría perjudicarle durante las interacciones con otros perros.

Si no tienes tiempo de lavarlo, puedes utilizar bicarbonato sódico como champú en seco (cepíllalo bien después de aplicárselo), que neutralizará un poco los malos olores.

UN CONSEJO

Revísale regularmente las orejas, sobre todo si son largas y le cuelgan (cocker, beagle, springer spaniel, setter). Los perros pueden desarrollar infecciones bacterianas o parasitarias en los oídos, por lo que hay que limitar estos riesgos mediante una limpieza regular (dos o tres veces al mes) para eliminar el polvo, las secreciones acumuladas y cualquier cuerpo extraño.

No utilices bastoncillos de algodón, ya que comprimen el material del fondo del conducto auditivo.

Usa un producto limpiador de oídos específico (de una tienda de animales o del veterinario) y unas gasas o algodón para desmaquillar. Introduce la punta del frasco verticalmente en el conducto auditivo (no hay riesgo de dañarle el tímpano, ya que el conducto está curvado, por lo que nunca llegarás tan lejos) y vierte un poco de líquido. Retira el frasco y deja que se sacuda las orejas. Masajéale en la base de la oreja para que entren en contacto la cera y el producto, y a continuación utiliza la gasa para eliminar la suciedad, las secreciones y el exceso de producto.

¿CÓMO DEBO MANTENER EL PELAJE DE MI PERRO?

Corto, duro, largo, lanoso: dentro de la especie canina existe una gran variedad de pelajes. Sea cual sea el de tu perro, hay que cuidarlo adecuadamente.

En primer lugar, el cepillado regular eliminará el pelo muerto y la suciedad, aireará el pelaje y extenderá la película lipídica protectora por toda la superficie. La estimulación mecánica también activa en el animal la circulación sanguínea superficial y favorece el crecimiento del pelo. Además, todo el pelo muerto eliminado con el cepillo será pelo que no encontrarás en la ropa ni en la casa.

Solemos decir que hay dos periodos principales de muda estacional —primavera y otoño—, pero esto es cada vez menos cierto en el caso de los animales que viven todo el año en nuestros hogares con calefacción, ya que no necesitan tener un pelaje de invierno.

El cepillado también es una oportunidad para comprobar el estado de la piel de tu perro: ¿notas rojeces, costras, zonas sensibles o una eliminación anormal de pelo? La calidad del pelo del animal es un indicador de su salud que no debe pasarse por alto.

No subestimes el momento de unión que puede surgir durante una sesión de cepillado: en un ambiente sosegado, le estás proporcionando un bien a tu perro. Para ello, acostúmbralo desde pequeño y repite el ritual dos veces por semana si es posible.

Compra el equipo adecuado para el pelaje de tu perro. Para los de pelo corto, puede bastar con un guante de goma. Para los de pelo largo, empieza peinando los mechones, eliminando el pelo muerto con un cepillo cardador, antes de dar brillo con un cepillo de cerdas suaves.

Los perros de pelo duro (teckel, border terrier) necesitarán un *stripping* tres o cuatro veces al año, que puedes aprender a hacer tú mismo o encargárselo a un profesional. Consiste en arrancarle los pelos un poco más largos —aquellos que están al final de su vida— con una herramienta adecuada, una especie de recortadora. No es doloroso, basta con saber hacerlo y tirar en el sentido del crecimiento. Este procedimiento tiene un fin en parte estético, pero también permite liberar el folículo piloso para favorecer el crecimiento de nuevos pelos. Al eliminar el pelo enmarañado, el pelaje de tu perro será menos propenso a recoger suciedad o restos de vegetación.

Por último, algunas razas como el bichón o el caniche necesitarán un pelado cada dos o tres meses. Lo mejor es que lo haga un peluquero profesional. Sin embargo, esto no significa que no debas cepillar a tu perro regularmente en casa.

UN CONSEJO

Normalmente, las garras de los perros no requieren mantenimiento; se desgastan de forma natural, salvo las del espolón, que no tocan el suelo. Sin embargo, en el caso de los perros que pasan más tiempo en brazos o de los perros mayores o artrósicos que ya no hacen suficiente ejercicio, puede ser necesario cortárselas. Ten en cuenta que es una parte del cuerpo inervada y por la que fluye riego sanguíneo, pero no en toda su extensión. Por tanto, ten cuidado de no cortárselas demasiado porque esto puede causar dolor y sangrado. Si son de una coloración clara, podrás ver fácilmente los pequeños vasos sanguíneos, así que déjales un margen de 3 a 4 mm. En cambio, si son oscuras o no estás muy seguro de cuánto cortar, lo mejor es limarlas o dejar la tarea a un peluquero o al personal de tu clínica veterinaria.

¿ES POSIBLE VIVIR EN UN HOGAR SANO TENIENDO PERRO?

Compartir la vida con un perro también significa aceptar algunos inconvenientes: pelos, babas, mayor atención a la limpieza del hogar, patas sucias después de un paseo... Pero, con un poco de organización, conseguirás mantener la casa perfectamente en condiciones. En primer lugar, cepilla regularmente al animal, si es posible al aire libre. El pelo muerto que recoja el cepillo no acabará en las alfombras y sofás. Para quitar el pelo de la tapicería o la ropa, usa un rodillo específico o hazte con un par de guantes de látex, que son especialmente buenos para atrapar el pelo.

A veces, más allá del pelo, tu casa puede verse invadida por el característico olor a perro. Espolvorea alfombras y moquetas con bicarbonato sódico, luego cepíllalas para distribuir el producto y deja que penetre en el tejido. Déjalo actuar toda la noche y por la mañana aspira metódicamente el producto, que debería haber absorbido gran parte del olor. El uso de bicarbonato no evitará que de vez en cuando tengas que limpiarlas con agua y jabón.

No olvides lavar la cama de tu perro con frecuencia. Utiliza un detergente neutro que no dañe la piel de tu mascota. Lo ideal es hacerlo una o dos veces al mes. Entre lavado y lavado, no olvides el truco de utilizar bicarbonato sódico, que también puede servir para el cojín.

Si tu perro ha hecho sus necesidades en casa, mezcla partes iguales de agua con gas y vinagre blanco para limpiar y eliminar olores.

Y, si tu perro babea, ten siempre a mano un paño en varias habitaciones de la casa con el que puedas limpiar las babas regularmente.

En caso de que el animal tenga las orejas largas y caídas, compra cuencos especiales para evitar que las meta en el agua o la comida.

Lava regularmente todos sus cuencos. Si utilizas un recipiente para guardar el pienso, vacíalo por completo de vez en cuando para que no queden en el fondo restos caducados: ya no tienen ningún valor nutritivo y podrían acabar enmoheciéndose y contaminando la nueva comida.

No dudes en limpiar regularmente sus juguetes, correa y collar, o comprarle otros nuevos. Utiliza una mezcla de agua caliente y vinagre blanco para lavar los juguetes de plástico que lleve en la boca, no un detergente, que podría ser tóxico.

Por supuesto, pasar la aspiradora con frecuencia, fregar a menudo el suelo y airear la casa será bueno tanto para ti como para tu perro.

UN CONSEJO

El control de parásitos internos y externos también es esencial para garantizar un hogar sano para toda la familia, sobre todo si tu perro se sube a la cama o al sofá. Además, si está infestado de pulgas, debes recurrir a un tratamiento en forma de aerosoles específicos.

¿CÓMO PREPARARLO PARA LA LLEGADA DE UN BEBÉ A CASA?

La llegada de un bebé supone un trastorno para toda la familia, pero también para el perro: un nuevo individuo con su propio carácter, sus ruidos y sus olores se convierte de repente en el centro de atención de todos.

Para que tu mascota no viva esta llegada como una intrusión, es importante prepararla para ello, ya que su ritmo de vida se verá inevitablemente alterado.

Unas semanas antes del nacimiento, modifica progresivamente los hábitos que estén demasiado arraigados en tu perro: varía las horas a las que lo sacas a pasear, cambia el cuenco de la comida de sitio durante media hora, no respondas a todas sus peticiones, sino al contrario, a veces finge ignorarlo... Empezando mucho antes del nacimiento, tu perro no establecerá un vínculo causal con el bebé. Aprovecha para reforzar las habilidades esenciales: ordénale que se siente, se acueste, no se mueva o que permanezca en su cesta.

Cuando el bebé aún esté en el hospital, puedes ofrecerle a tu mascota un bodi u otra prenda con el olor del recién nacido para que empiece a familiarizarse.

Cuando vuelvas del hospital, el padre debe ser el primero en entrar en casa para saludar al perro y canalizar su energía en el reencuentro. Entonces podrás presentarle al bebé. Cógelo fuerte en brazos, agáchate y deja que el perro, sujeto con una correa, se acerque poco a poco. Lo ideal es que pueda oler las nalgas y los pies del bebé, que son las partes de su cuerpo con un olor más intenso. No prolongues este primer encuentro: unos segundos bastan y no darán tiempo a que tu perro se ponga nervioso. De este modo, el primer encuentro resultará satisfactorio. Después, deberás repetir estos pequeños acercamientos con regularidad. No dudes en darle una golosina para que asocie la recompensa a su buen comportamiento con el bebé.

No hace falta que le prohíbas al perro entrar en la habitación del bebé cuando estés tú. Al contrario, le crearás menos frustraciones si le haces participar lo más a menudo posible en tus actividades de crianza. Incluso puede tener un cojín en la habitación para mantenerlo tranquilo cuando alimentas o cambias al bebé, por ejemplo. Tener a mano una cajita de golosinas para perros ayudará a recompensar su buena actitud en la habitación al principio. Sin embargo, si se muestra ruidoso o agitado, échalo de la habitación.

El error clásico que cometen los padres de recién nacidos es descuidar a su mascota cuando están cuidando del bebé, y luego compensarlo (jugando, paseando, dándole mimos...) cuando el bebé está dormido. Desgraciadamente, no es una buena idea, porque tu perro pensará: «Cuando el bebé duerme y no está aquí, me cuidan, mientras que cuando está despierto, dejo de existir». Esto no favorece el apego del animal con tu hijo.

Así que, si es posible, haz lo contrario para que la presencia del bebé sea también un acontecimiento positivo para tu perro.

UN CONSEJO

Si tu perro muestra signos preocupantes de excitación o agresividad desde que el recién nacido llegó a casa, busca ayuda profesional inmediatamente.

Si la convivencia es satisfactoria, no olvides nunca que un bebé no debe quedarse solo con un perro, aunque le tengas mucha confianza. Sigue habiendo demasiados accidentes y a veces mordeduras muy graves del perro de la familia a niños pequeños.

¿CÓMO VIAJAR CON ÉL?

Se acercan las vacaciones y no quieres separarte de tu perro. Consideras que tu mascota tiene derecho a disfrutar de los paseos por la playa o una excursión por la montaña. Pero viajar con un animal requiere organización y ciertas obligaciones.

Cuando viajes en tren, si tu animal de compañía pesa menos de 10 kg deberá viajar en una bolsa o transportín (en España, las medidas máximas son de 60 × 35 × 35 cm). El animal permanecerá bajo tu responsabilidad durante todo el viaje y no podrás sacarlo. Deberá abonar un billete extra (un 75% más económico que un billete regular), que podrás comprar en línea o en las taquillas. (En España solo se permite una mascota por persona.)

Sin embargo, si tu perro pesa entre diez y cuarenta kilos, tendrá que viajar con bozal y deberás abonar un extra bastante más caro a tu billete, ya que viajará en un asiento contiguo a ti (asignado por la compañía).

Para viajar en avión, consulta con la compañía aérea porque no todas admiten animales de compañía. Si tu perro te acompaña en cabina, debe ir en un transportín y el peso total no debe superar el límite autorizado por la compañía aérea (generalmente, ocho kilos). Los precios varían según la distancia y la empresa. Si tu perro supera el límite de peso en cabina, deberá viajar en bodega.

La normativa para el transporte de mascotas en bodega depende de cada compañía aérea, que también te indicará qué modelos de jaulas están permitidos. Ten en cuenta que algunas compañías no permiten transportar en bodega a razas de cara achatada (bulldog francés, pequinés, carlino...), ya que son más propensas a tener problemas respiratorios durante el vuelo (altitud, cambio de temperatura, estrés).

Tu perro también tendrá que cumplir determinados requisitos administrativos y sanitarios en función del país al que viaje.

Para todos los viajes dentro de la Unión Europea, tu mascota debe tener al menos quince semanas de edad, estar identificada con un microchip (o un tatuaje si es correctamente legible y se hizo antes del 3 de julio de 2011), haberse vacunado contra la rabia (con un mínimo de antelación de veintiún días en caso de tratarse de la primera vacunación y que siga siendo válida) y tener un pasaporte europeo, expedido y cumplimentado por un veterinario.

Algunos países de la UE imponen medidas adicionales, como el Reino Unido, Finlandia, Irlanda y Malta. Sin embargo, desde 2014, la cuarentena ya no es obligatoria para todos los animales que entran en el Reino Unido.

Para los demás países, infórmate en la embajada en concreto de las medidas específicas y de si en el país al que viajas la rabia sigue presente.

En algunos países, los servicios aduaneros te podrán pedir también un certificado sanitario expedido por un veterinario y una prueba serológica antirrábica realizada al menos tres meses antes; se trata de un análisis de sangre que evalúa el nivel de anticuerpos contra el virus de la rabia y garantiza la eficacia de la vacunación en un contexto en el que el animal ha estado potencialmente expuesto a la enfermedad. El resultado debe indicar un nivel superior a 0,5 UI/litro. Ten en cuenta que este nivel en sangre es válido para toda la vida del animal si se respetan las fechas de la vacunación antirrábica de refuerzo. Por tanto, lo ideal es prever los viajes y realizar todas estas medidas en el país de origen. Con estas precauciones, el regreso con tu animal de compañía no planteará ninguna dificultad.

El objetivo de todas estas medidas es evitar el riesgo de introducción en el país de animales portadores de la rabia.

UN CONSEJO

Viajar en coche no representa necesariamente un momento agradable para tu perro. Su primera experiencia suele ser el día en que lo adoptaste, cuando lo separaron de su madre y del resto de la camada, lo sacaron de donde se encontraba y lo dejaron con extraños. Enséñale a tu perro a acompañarte en el coche, con el motor apagado al principio, y hazle caricias y dale golosinas. Pero no juegues en el coche, pues debe ser un lugar donde permanezca tranquilo. Enséñale cuál es su sitio: a los pies del pasajero, en el asiento trasero con un arnés de seguridad si es posible, en el maletero en un transportín o sin él, pero nunca en el regazo del conductor.

Una vez que se haya familiarizado con el coche, puedes repetir la experiencia conduciendo. Para empezar, intenta hacer trayectos cortos que a tu perro le resulten interesantes, como ir a dar un paseo por el bosque. Así, gracias a las asociaciones positivas, se entusiasmará rápidamente con la idea de subirse al coche. La primera vez, evita que sea para llevarlo al veterinario.

Algunos perros se marean: sensación de malestar, hipersalivación, temblores, náuseas e incluso vómitos pueden hacer que el viaje le resulte estresante. Pide consejo a tu veterinario.

¿QUÉ PUEDO HACER CON MI PERRO DURANTE LAS VACACIONES?

Todos los años, antes de los meses de verano, las protectoras se enfrentan a un pico en el número de abandonos. Demasiados animales se compran o adoptan por capricho, sin tener en cuenta las limitaciones que ello conlleva: el tiempo de dedicación, la educación, los gastos, pero también saber a quién confiárselo cuando uno se va de vacaciones.

Sin embargo, cada vez hay más soluciones para los dueños de perros. Eso sí, no dejes para el último momento encontrar una solución.

- Una residencia canina es práctica y económica. Les confías el animal a profesionales. Tu perro estará en un lugar donde pasará tiempo con otros perros. Es una buena solución para los perros sociables. Visita las instalaciones de antemano: asegúrate de que es suficientemente grande, está bien cuidada y le ofrece a tu perro la posibilidad de resguardarse de las inclemencias del tiempo o del calor. Durante mucho tiempo, las residencias caninas han sido objeto de críticas por su falta de transparencia en cuanto a las condiciones de vida de los animales, por lo que algunas se han equipado con un sistema de webcams que te permiten seguir al animal a distancia. Además, el término «residencia canina» se sustituye a veces por el de «hotel canino». Los precios oscilan entre 10 y 20 euros al día, pero pueden ser más elevados en el caso de las residencias caninas de alta gama.

- En el caso de los cachorros, perros mayores o con ansiedad, es mejor evitar llevarlos a una residencia canina. Algunos cuidadores de perros ofrecen un servicio en su casa, por lo que tu perro seguirá en manos de un profesional con licencia, pero en un entorno más enriquecedor.

- Por el boca a boca, a través de internet o de anuncios clasificados, también puedes encontrar amantes de los animales que ofrecen un servicio de cuidado por una tarifa. Deberás pagar entre 10 y 30 euros al día. Elige la familia de acogida en función del perfil de tu perro y no dudes en visitarla previamente. Si tienes un cachorro, dáselo a alguien que esté muy acostumbrado a los perros y que no lo deje solo todo el día. Para un perro grande, elige una casa con acceso a un jardín cerrado. Si tienes un perro muy nervioso, los jubilados, que disponen de tiempo, son la opción ideal. En cualquier caso, conócelos antes de decidirte, averigua si tienen otros animales y pregúntales por su experiencia.

- También puedes elegir un cuidador que vaya a tu domicilio mientras estás fuera. De este modo, tu perro verá menos alterados sus hábitos. Por supuesto, se trata de una elección basada en la confianza. Algunos cuidadores de perros no piden remuneración, ya que para ellos es una oportunidad de tener alojamiento para sus vacaciones. En caso contrario, hay que contar entre 20 y 30 euros al día.

- También puedes plantearte intercambiar servicios con tus amigos y familiares: quédate con el perro de un vecino durante sus vacaciones e invertid los papeles en la próxima ocasión.

Cada vez hay más sitios de internet que ponen en contacto a cuidadores y dueños de mascotas, pero no dudes en pedir consejo en tu clínica veterinaria.

Si es posible, proporciónale a la persona que se vaya a encargar de cuidar a tu mascota la comida para así no cambiar sus hábitos alimentarios y reducir el riesgo de que sufra problemas digestivos.

UN CONSEJO

Si tu perro está bien educado y socializado, te resultará más fácil encontrar un cuidador. Te irás de vacaciones más tranquilo, porque sabrás que tu mascota es capaz de adaptarse a un nuevo entorno. Y te sorprenderá ver lo entusiasmado que se muestra cuando vuelva con su cuidador en la próxima ocasión.

¿CÓMO AFRONTAR LA MUERTE DE MI PERRO?

Tu perro es parte integrante de la familia. Tanto si su muerte es repentina como si se produce tras una larga enfermedad, siempre es una experiencia difícil. Lo es aún más si has tenido que tomar la decisión de eutanasiarlo para poner fin a su sufrimiento. En primer lugar, si puedes, tómate un día para superar el shock. Porque no se trata de un acontecimiento menor. No puedes fingir que la pérdida de tu perro no cambia nada en tu vida. Toda tu vida da un vuelco, echas mucho de menos su presencia y sientes un gran vacío. Esto es perfectamente normal.

El duelo por una mascota sigue el mismo proceso de cinco etapas que cuando perdemos a un ser querido.

La primera fase es la negación, en la que no aceptas que tu perro haya muerto. Luego llega un periodo de rabia y de sentimiento de injusticia: no entiendes por qué el veterinario no pudo salvarlo. Buscas culpables. Y, poco a poco, te encuentras asumiendo la culpa. Es la tercera etapa: piensas que has fallado en tus deberes, que no has dedicado el tiempo y los cuidados suficientes a tu querido animal. La cuarta etapa, la del duelo, se inicia lentamente. Vamos teniendo cada vez menos el apoyo de los seres que nos rodean, pero no desaparece la tristeza ni el llanto. Por último, el proceso de duelo termina cuando aceptas

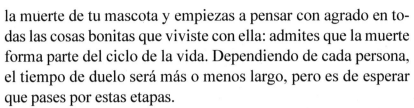

la muerte de tu mascota y empiezas a pensar con agrado en todas las cosas bonitas que viviste con ella: admites que la muerte forma parte del ciclo de la vida. Dependiendo de cada persona, el tiempo de duelo será más o menos largo, pero es de esperar que pases por estas etapas.

Para avanzar más rápidamente en el proceso, debes guardar las cosas de tu perro. No las tires. Consérvalas en una caja cerrada, por ejemplo en el sótano. Rodéate de tu familia y amigos, no te quedes solo.

Si tienes hijos, es importante protegerlos de la conmoción, pero no debes ocultarles la muerte. No les digas que el perro se ha escapado, pues se sentirán abandonados. Utiliza las palabras adecuadas y dales la oportunidad de ritualizar la pérdida. Por ejemplo, si has optado por incinerarlo, puedes recoger las cenizas y organizar una pequeña ceremonia en el jardín para darle el último adiós. También existen cementerios para mascotas. Los entierros están sujetos a distintas normas según el país, por lo que hay que estudiar bien cada caso según dónde se resida.

Una vez superados el primer golpe y el dolor, surge la pregunta de si volver o no a tener otro perro. Algunas personas se proponen no exponerse a sufrir una nueva pérdida de un animal y prefieren no hacerlo. Es una decisión que puede cambiar con el tiempo.

Volver a tener otro perro justo después de la muerte del anterior no es la mejor solución. No estarás en buenas condiciones para darle al nuevo compañero toda la serenidad y el cariño que precisará, y es posible que acabes comparándolos. Es mejor esperar a que el proceso de duelo esté bien avanzado y tu casa vuelva a ser un lugar acogedor para un nuevo perro. No tengas miedo de hacerte con una hembra si tenías un macho o de cambiar de raza o elegir a un animal de color distinto, por ejemplo. Tu nuevo compañero nunca será como el anterior, tendrá sus propias cualidades y defectos, y tú lo querrás igual.

¿SABÍAS QUE...?

Si tienes otras mascotas en casa, la desaparición de su compañero no deja de tener consecuencias. No necesariamente entenderán su ausencia y pueden sentirse desorientados por tu pena: falta de entusiasmo para jugar con ellos, para darles mimos, para respetar sus horarios de comida o del ritual de salir a pasear, por ejemplo. Los animales sentirán la tristeza que se ha instalado en la casa y pueden incluso desarrollar una depresión a modo de reacción. Así que presta atención a todas las pequeñas señales: apetito, vivacidad, si se hacen sus necesidades donde no solían, etcétera.

Tercera parte
EDUCAR A TU PERRO

¿EXISTE UNA FORMA SENCILLA Y EFICAZ DE EDUCAR A MI PERRO?

Para que la relación con tu perro sea armoniosa, es fundamental que le enseñes a obedecer tus órdenes y prohibiciones durante toda su vida.

Por supuesto, hay que empezar por lo más básico, lo esencial para que el perro se integre bien en la familia, pero es importante no detenerse ahí y continuar haciéndolo.

Esta es la única forma de trabajar, con constancia, en el contexto del aprendizaje canino. Ser constante te permite mantener lo aprendido y adaptarlo a tu estilo de vida, que puede cambiar, pero también afianzar la atención del perro hacia ti.

Hoy en día se hace hincapié en el llamado «adiestramiento positivo»: cuando el perro responde correctamente a una orden (por ejemplo, «Siéntate» o «Dame») o cuando se comporta como queremos (un cachorro que acaba de hacer pis en el jardín), se le recompensa con una golosina, una caricia, una palabra alentadora o con su juguete favorito. Es lo que se llama refuerzo positivo: se anima al perro a repetir el buen comportamiento porque le beneficia.

Cuando quieras enseñarle una nueva orden, prémialo siempre al principio. Así entenderá que un comportamiento concreto corresponde a una petición tuya. Poco a poco, cuando ya no se equivoque, prémialo de forma más aleatoria: una vez de cada dos, luego una de cada tres... y después nada. Esta etapa le ayudará a memorizar definitivamente la orden.

Para que este método de educación positiva tenga éxito, es importante seguir algunas reglas:

- La recompensa debe llegar inmediatamente después de ejecutar la orden. Por eso es importante organizar las sesiones con el perro: ten a mano algunas golosinas (taquitos de queso o jamón) y su juguete favorito. Si tienes que volver a la cocina a por la golosina cuando el perro se acuesta a petición tuya, no hay ninguna posibilidad de que establezca la conexión entre la orden, el comportamiento y la recompensa.

- Las sesiones deben ser breves para no perder la atención (de cinco a diez minutos) y repetirse, si es posible, dos o tres veces al día.

- Debes empezar este trabajo en casa, en un lugar tranquilo, para que tu mascota pueda prestarte la atención debida. Esto fomentará el aprendizaje.

- Nunca termines una sesión con un error o un fracaso; siempre con un momento positivo. Las palabras clave en el adiestramiento canino son *constancia, coherencia, paciencia* y *diversión*. Cuanto más divertidas hagas las sesiones de adiestramiento, mejores serán los resultados.

Este método también puede utilizarse para reforzar un comportamiento que tu perro ya exprese de forma natural: volvéis de un paseo y tu perro, agotado, va solo a su cesta. Dile «A tu cesta» y dale una golosina. Repitiéndolo tantas veces como sea posible, tu perro habrá asimilado el significado de «A tu cesta».

Gracias a este método de educación en positivo, el perro comprenderá rápidamente qué comportamientos conllevan recompensa. De este modo, lo animarás a repetirlos, para así ir eliminando los comportamientos indeseables sin entrar en conflicto con él.

¿SABÍAS QUE...?

En el contexto del adiestramiento positivo, cada vez más adiestradores de perros, y por extensión propietarios, utilizan el método de «adiestramiento con *clicker*».

El *clicker* es una cajita de plástico de muy reducido tamaño con una fina tira metálica que emite un clic característico cuando se pulsa. El adiestrador lo utiliza en el momento preciso en que el perro ha realizado el comportamiento deseado y luego le da una recompensa, afianzando así el comportamiento correcto. Rápidamente, el perro asociará el clic con la recompensa. Con el tiempo, el *clicker* por sí solo tendrá el siguiente significado: «Eso está bien, ese el comportamiento que espero de ti».

¿PUEDO CASTIGARLO CUANDO HACE ALGO MAL?

Durante mucho tiempo, el método de educación canina más común consistía en castigar físicamente al perro por su mal comportamiento, ponerlo en posición de sumisión o utilizar collares de ahogo o eléctricos para «hacerle entender». Esto se hacía para castigar los comportamientos indeseables. Hoy en día, estos métodos coercitivos están perdiendo terreno frente a la educación positiva basada en recompensar el buen comportamiento.

Sin embargo, no se trata de convertirse en un adiestrador de perros completamente despreocupado y demasiado permisivo, porque el riesgo es agobiarse y acabar teniendo un perro incontrolable. El perro necesita unos límites y tú debes seguir siendo el líder, por lo que a veces tendrás que castigarlo. Pero castigar no debe ser sinónimo de violencia física o de gritarle.

Cuando un cachorro te muerde con sus afilados colmillitos, tu reflejo puede ser una reacción algo violenta. Pero el cachorro puede seguir, pensando que es tu forma de unirte a su juego. Sin embargo, si te levantas y lo dejas solo, le estás quitando lo que le produce placer y excitación. Es tu manera de castigarlo. Cuando no se porta bien, el castigo correcto es quitarle algo que le gusta especialmente (su juguete preferido, tu presencia, su plato de comida): es lo que se llama castigo negativo.

Imagina que vives en una casa con jardín, donde tu perro pasa mucho tiempo. Sin embargo, dos veces por semana lo sacas a pasear con correa por el barrio. Cada vez se repite el mismo circo: te ve vestirte y agarrar la correa, y entonces empieza a excitarse, ladrando porque está encantado de explorar los alrededores. Levantar la voz o regañarle no tendrá mucho efecto, salvo aumentar su excitación o asustarlo. Si, por el contrario, lo ignoras y te sientas en el sofá con el periódico, sabrá que lo estás privando de salir. Se le está castigando por su comportamiento indeseado. Al cabo de unos minutos, tu perro se calmará y podrás ponerle la correa y salir. A veces es necesario repetir este acto varias veces. Al educar a un perro, siempre hay que tener paciencia. También debes ser consciente de que, con ciertos comportamientos indeseables (como ladrar, saltar sobre ti o morder sistemáticamente tu calzado), tu perro solo busca una cosa: llamar tu atención. Al reprenderlo o apartarlo involuntariamente, puedes estar reforzando este mal hábito, porque el animal ha conseguido lo que quería: interactuar contigo. En estos casos, el peor castigo para él es que lo ignores o lo excluyas del resto de la familia. De este modo, irás extinguiendo poco a poco este comportamiento indeseado.

UN CONSEJO

Cuando tu perro haya hecho algo malo (hacer sus necesidades en casa o robar comida de la mesa), no le regañes después. Esto no sirve para nada más que para ponerlo nervioso, ya que no entiende el motivo de tu enfado. La única forma útil de castigar un error es hacerlo en el acto. En este caso, dar una palmada fuerte con la mano, decir con rotundidad «No» o cualquier otra palabra que utilices solo para este fin será suficiente para detener su mal comportamiento y mostrar tu disgusto. A continuación, enséñale inmediatamente la actitud positiva que debe adoptar. Sin embargo, te corresponde a ti distinguir entre el mal comportamiento y las llamadas de atención.

¿CUÁLES SON LAS ÓRDENES BÁSICAS QUE DEBO ENSEÑARLE DE CACHORRO?

Acabas de hacerte con un cachorro y ahora eres responsable de su educación. Entre las habilidades básicas que se tratan en este libro se encuentran el comportamiento en casa, los paseos con correa, gestionar la soledad y la socialización.

Pero estas no son las únicas cosas que debes enseñarle a tu mascota para que se comporte bien en tu casa, con tu familia e incluso en sociedad.

Recuerda que para generar un vínculo de confianza con tu perro, el adiestramiento debe ser positivo, no represivo: el castigo físico o la ira generan miedo y ansiedad, y son perjudiciales para vuestra relación.

Por otro lado, utiliza recompensas para fomentar el buen comportamiento, lo que se denomina refuerzo positivo.

Si tu perro hace algo mal, dile «No» para que deje de hacerlo antes de quitarle lo que le estaba dando satisfacción. Esto se llama castigo negativo. Consiste en quitarle el estímulo placentero y dirigir al cachorro hacia lo que quieres que haga: una actitud tranquila, responder ante la orden de «Siéntate»...

Enséñale a prestar atención a lo que le pides: prémialo en cuanto digas su nombre y te mire.

Enséñale a distinguir entre sus juguetes y cualquier otro objeto de la casa. No le dejes jugar con unas zapatillas viejas, ya que las confundirá rápidamente con otro tipo de calzado. En cuanto agarre un objeto prohibido, dile «No» y dale un juguete al que tenga derecho, animándolo y recompensándolo en cuanto empiece a morderlo.

Enséñale también la orden «Suelta», muy útil para que no agarre nada que encuentre en un paseo, por ejemplo. Esto puede salvarle la vida si se le ocurre agarrar algo tóxico o un objeto contundente. Si toma un trozo de papel en la calle, dale una golosina: soltará el papel para tomársela, así que dile inmediatamente «Suelta» antes de dársela. Debe repetirse varias veces y en este orden preciso. En cuanto oiga «Suelta», soltará lo que tiene en la boca. La recompensa se convertirá entonces en aleatoria para afianzar este buen comportamiento de forma permanente. Sobre todo, no corras detrás de él cuando acabe de tomar lo que quieres que suelte, pues tendrá la impresión de que estás participando en su juego y volverá a empezar en cuanto se le presente la ocasión.

Enséñale a tu cachorro a quedarse quieto con la orden «Quieto». Para que sea más eficaz, enséñale primero a sentarse, que es la orden más fácil de aprender («Sienta»). Pídele que se siente y dile «Quieto» antes de dar un paso atrás manteniendo el contacto visual. A continuación, llámalo y hazle caricias. A medida que vayas avanzando, aumenta la distancia y el tiempo que le dices que se quede quieto.

No permitas que tu cachorro te muerda, ni siquiera jugando. Puede que te arrepientas dentro de unos meses, cuando sus caninos hayan crecido y tenga unas mandíbulas más fuertes. En cuanto intente morderte, dile «No» y evita todo contacto con él; levántate e ignóralo. Acaba de perder lo que es más importante para él: tu presencia y las interacciones que puede tener contigo. Este es un ejemplo de castigo negativo.

¿SABÍAS QUE...?

No dejes que tu cachorro inicie las interacciones, sobre todo porque sus peticiones suelen ir acompañadas de ladridos, saltos u otro comportamiento indeseado; eres tú quien debe definir las horas de las comidas, las salidas y los momentos de juego.

¿POR QUÉ DEBO SOCIALIZAR A MI PERRO?

Acabas de adquirir un cachorro y ya sabes lo importante que es educarlo, que aprenda a caminar con correa y algunas órdenes básicas. Pero hay otra habilidad que debes enseñarle y que a menudo se subestima: una buena socialización.

El objetivo es darle las claves para tolerar situaciones o estímulos desconocidos sin considerarlos peligrosos ni amenazadores. Un perro bien socializado debe ser equilibrado, no tendrá miedo y se adaptará fácilmente a todas las situaciones. Un perro con falta de socialización es, por el contrario, miedoso y puede mostrar comportamientos indeseados: ladridos, agresividad o falta de control de esfínteres por miedo, estado general de ansiedad, etcétera.

En el desarrollo de un cachorro, la socialización debe tener lugar entre las ocho y las catorce semanas de edad. Como puedes adquirir legalmente a tu mascota a partir de las ocho semanas de edad, esta etapa de su vida depende de ti y de tu compromiso con él.

- Deberás dedicar tiempo a exponer a tu perro al mayor número posible de situaciones, objetos y personas diferentes. Sin embargo, ten en cuenta que la calidad es más importante que la cantidad: todas estas experiencias deben ser positivas para promover un correcto desarrollo mental del perro.

- Es una buena idea inscribirlo en un club canino o que participe en una escuela canina con otros cachorros: cuanto más conozca a otros perros de diferentes tamaños y edades, de ambos sexos, más sociable será con todos los perros que conozca durante toda su vida. Así aprenderá los códigos de comunicación de su especie.

- Acostúmbralo también a otros animales: los paseos por el campo para que vea caballos, vacas u ovejas son muy útiles. Busca a amigos con gatos a los que les gusten los perros y organiza un encuentro. La elección del gato es importante porque, si reacciona bufando y arañando a tu cachorro, este contacto negativo puede afectar a su comportamiento futuro: tendrá miedo a los gatos o los perseguirá.

- No te limites al campo. Llévalo a pasear por la ciudad y deja que conozca a mucha gente diferente: niños jugando, una persona mayor con dificultades para caminar o un discapacitado en silla de ruedas... Es la mejor forma de integrar todas estas variables en su marco de referencia. En la ciudad, tu cachorro también se enfrentará a motos, bicicletas, patinetes, camiones de la basura, y todo esto acabarán siendo cosas nuevas que ya no le asustarán.

- Aunque no lo suelas hacer, tomar el autobús o el metro enriquecerá la experiencia de tu fiel amigo. Pero ve siempre poco a poco para que su umbral de tolerancia al ruido y a las aglomeraciones vaya aumentando gradualmente.

- En casa, exponlo a objetos cotidianos que podrían acabar siendo amenazadores: la aspiradora, el secador de pelo, la batidora, el cortacésped, etcétera. Los perros suelen tener miedo a los fuegos artificiales o petardos porque la probabilidad de que estén expuestos a ellos entre las ocho y las catorce semanas de vida es baja. Sin embargo, existen grabaciones de audio específicamente diseñadas para perros (disponibles en CD o internet) que puedes poner regularmente en casa para que se acostumbre a estos sonidos tan poco probables.

Si tu perro es un adulto poco socializado, consulta el epígrafe «Mi perro le tiene miedo a todo».

UN CONSEJO

La socialización también implica enseñarle a tu cachorro a que lo manipulen para que lo tolere más adelante. Dedica cinco minutos al día a cepillarle el pelo y los dientes, inspeccionarle las orejas, los ojos y el interior de la boca, y tocarle las patas como si quisieras cortarle las uñas. Todas estas experiencias y momentos compartidos ayudarán a crear un fuerte vínculo entre ambos.

¿CÓMO LE ENSEÑO A MI CACHORRO A HACER SUS NECESIDADES ADECUADAMENTE?

Acabas de adoptar un cachorro y ahora tendrás que educarlo para que no haga sus necesidades donde no debe. Esto, que es esencial, requerirá un verdadero compromiso por tu parte. Supone la clave de una convivencia armoniosa entre tú y tu perro. Si tomas las medidas adecuadas desde el principio, todo será más fácil.

En primer lugar, es importante saber que el cachorro de dos o tres meses ya cuenta con una base: nunca hará sus necesidades donde duerme, como le ha enseñado su madre. Pero hay que enseñarle a no hacerlo tampoco dentro de casa.

Tanto si vives en un piso como en una casa unifamiliar, el proceso es el mismo: debes acompañarlo al exterior para enseñarle. Tiene que entender la diferencia entre el interior y el exterior de la vivienda.

Olvídate de utilizar papel de periódico o las toallitas que se venden para este fin, en las que tu cachorro hace sus necesidades y que tú vas acercando a la puerta sobre la marcha para acabar fuera. Esto no funciona, ya que implica que tu perro cree que puede hacerlo en casa. Solo conseguirás retrasar el objetivo deseado.

Como tu cachorro tiene una vejiga pequeña y aún no controla bien los esfínteres, tendrás que sacarlo a menudo durante las primeras semanas, en los momentos clave: después de comer, después de la siesta o después de un tiempo de juego. En la hierba o en la acera, elige un lugar tranquilo, porque hacer sus necesidades es un momento delicado para los perros. Puede tardar varios minutos y tu paciencia es esencial: no entres en casa hasta que haya terminado, ya que es un incidente garantizado, sobre todo si el ambiente exterior es demasiado estimulante para él y espera a volver al universo sereno de la casa, que ya conoce, para hacer sus necesidades.

En cuanto haya terminado, elógialo con exageración: caricias, palabras de ánimo y golosinas. Evita ir a casa inmediatamente después, de lo contrario puede pensar: «Cuando hago pis, nos volvemos a casa, con lo bien que me lo paso fuera». Por tanto, podría acabar conteniéndose.

Es probable que se produzcan algunos accidentes en casa durante los primeros días. Si lo sorprendes en el acto, da una palmada y dile «No» con firmeza para que se detenga. A continuación, sácalo fuera inmediatamente para que termine. Sin embargo, si observas el pequeño charco *a posteriori*, no tiene sentido regañarle ni restregarle el hocico por él; es totalmente contraproducente y le produce ansiedad. Una vez hecho, lo único que tienes que hacer es limpiarlo fuera de su vista para que no lo interprete como una llamada al juego y esperar al siguiente momento adecuado para sacarlo.

El transportín es una solución excelente para que pase la noche o cuando estás fuera de casa. Puede convertirse en un lugar cómodo para tu cachorro, con un cojín y un juguete. Puede utilizarse como una especie de caseta para el perro y como lugar para que duerma durante las primeras semanas. Como su madre le ha enseñado a no hacer sus necesidades donde duerme, puedes meterlo en el transportín y cerrar la puerta durante las noches o cuando no estés en casa para que aprenda a contenerse. Cuando se despierte, tómalo inmediatamente en brazos y sácalo fuera: así no podrá tener un accidente dentro de casa.

Si sigues todos estos consejos, tendrás un cachorro educado a los cuatro meses de edad, o a los seis para los más reacios, de por vida.

UN CONSEJO

A veces oímos que no debes sacar a tu cachorro hasta que no esté vacunado, lo que es una justificación habitual para permitir que haga sus necesidades bajo techo. Sin embargo, el riesgo de un mal comportamiento e inadecuada socialización supera con creces el riesgo de sacarlo a la calle sin vacunar. Lo mejor es que lo saques en cuanto lo adoptes, vigilándolo para evitar que se lleve objetos sospechosos a la boca y manteniéndolo alejado de perros que no conozcas.

¿CÓMO LE ENSEÑO A OBEDECER CUANDO LO LLAMO?

Obedecer cuando se le llama es la orden más importante que le debes enseñar a tu perro, pero también la más difícil: se trata de captar su atención y mantener el control sobre él, sin correa y en cualquier circunstancia, ya sea en el jardín trasero o en un parque con otros perros.

Un perro que obedece nunca pondrá en peligro su vida (ni la de los demás) cruzando la carretera solo, ni saldrá corriendo hacia un bosque, aunque se pierda, para seguir el rastro de un animal de caza, porque tú se lo habrás impedido.

Este aspecto se trabaja gradualmente, lo antes posible, pero no esperes que lo adquiera en pocos días.

Elige la palabra con la que lo llames: puede ser su nombre, «Ven aquí» o «Aquí». Debe ser la misma para todos los miembros de la familia que vayan a utilizarla, sin excepción.

Para educarlo, utiliza golosinas. Empieza las primeras sesiones en casa, en una habitación tranquila y sin distracciones. Colócate a corta distancia del perro, llámalo una vez y recompénsalo en cuanto acuda a ti. Las primeras sesiones deben ser breves. En cuanto hayáis completado un paso (tu perro vuelve cada vez que lo llamas), aumenta la dificultad. Distánciate un poco más, luego introduce un elemento perturbador en la habitación (otra persona, un juguete), cambia de lugar, haz el mismo ejercicio en el exterior, primero sin distracciones... Asegúrate, incluso durante varios días, de que cada paso está bien integrado antes de pasar al siguiente.

Esta orden debería funcionar con el primer intento de llamada. Si tienes que repetírsela cinco veces seguidas para que te haga caso y lo recompensas, tu perro pronto se dará cuenta de que no tiene por qué obedecer a la primera.

Cuando confíes en que te hace caso cuando lo llamas, puedes ir al campo, a un entorno abierto y desconocido para el animal. De nuevo, a medida que tu perro aprenda, ve a lugares donde haya cada vez más estímulos y continúa con el adiestramiento. Recuerda que la recompensa debe ser sistemática mientras tu perro se encuentre en esta fase.

Puedes considerar que tu perro ha adquirido esta capacidad por completo cuando puedes confiar en él en cualquier situación. Lleva siempre algunas golosinas para premiarlo cuando salgas a pasear sin correa. Durante estos paseos, presta atención al entorno: si percibes el menor peligro (que pueda cruzar unas vías del tren, por ejemplo), llámalo con la suficiente antelación para no hacerlo en el último momento y evitar transmitirle tu estrés. Si tiende a alejarse demasiado, llámalo siempre antes de que lo pierdas de vista, a una distancia razonable para que pueda oírte.

En un entorno con muchos estímulos, sé lo más interesante posible para él (incluso más que lo que lo rodea en ese momento), no quedándote nunca sin ideas ni energía para jugar con él, elogiarlo y mimarlo.

Si lo llamas y no vuelve, acércate a él, espera un poco e intenta llamar su atención de nuevo, pero no sigas llamándolo, ya que esto no tendrá ningún efecto. Cuando finalmente lo haga, aunque tarde diez minutos, no muestres molestia ni enfado: ha vuelto, así que felicítalo por ello. De lo contrario, puede que no regrese la próxima vez, por miedo a tu reacción.

Cuando vuelva, no le pongas la correa y te vayas a casa, aunque le des una recompensa antes de la partida: probablemente no merezca la pena comparado con la experiencia que estaba viviendo (explorar el parque, jugar con los otros perros). Así que finge. Más bien, cuando lo haga, dirígele buenas palabras y déjalo que vuelva un rato con sus compañeros de juego.

Por último, recurre sabiamente a las órdenes que le des. Utilízalas solo cuando realmente quieras que tu perro vuelva. De lo contrario, perderán su valor y se acabarán convirtiendo en un esfuerzo vano.

UN CONSEJO

Para trabajar la obediencia a la llamada, sobre todo en condiciones difíciles para tu perro (el parque un sábado por la tarde), la recompensa que utilices debe ser excepcional: elige una golosina que en ninguna otra circunstancia le darías y que le guste especialmente (un trocito de queso o de salchicha).

¿CÓMO PUEDO EVITAR QUE TIRE DE LA CORREA?

Para algunas personas sacar a pasear al perro es un calvario físico y mental: tira tan fuerte que les duele el brazo, y salir a la calle se convierte en una batalla constante.

Por lo general, un perro que tira de la correa muestra nerviosismo por ver adónde va o por poder conocer a otros perros, descubrir olores, explorar. Esta excitación suele manifestarse en casa en cuanto se toma la correa. Lo primero que hay que hacer es no ponérsela y no salir hasta que el perro se haya calmado. Esto puede llevar varios minutos, a veces incluso media hora, pero no cedas.

Una vez que hayáis salido por la puerta y tengas el bolsillo lleno de sabrosas golosinas, ten en cuenta que, si cuando tu perro tira tú avanzas, él se sale con la suya. Esto recompensa su comportamiento, por lo que continuará haciéndolo. En cuanto la correa se tense, detente. Si tu perro se sorprende y se vuelve para mirarte, dale una golosina y dile una palabra de ánimo (siempre la misma, adaptada a esta situación: «Bien», «Buen chico»). Si sigue tirando, vuelve atrás: lo estás alejando de su objetivo original, por lo que lo estás castigando. De nuevo, si empieza a tirar en la nueva dirección, vuelve atrás. Continúa así hasta que tu perro, frustrado, extrañado, se detenga y te mire para entender lo que está pasando: en ese momento, recompénsalo. Vuelve a empezar y, llegado el caso, dile «Aquí» mientras tu perro permanece atento a tu lado. Anímalo, pero, en cuanto empiece a tirar de nuevo, detente o da media vuelta.

Los primeros paseos con este método pueden llevar un rato, pero no te rindas. Tu perro, decepcionado por no avanzar, se dará cuenta rápidamente de que, cuando permanece a tu lado sin tirar, el paseo continúa.

Puedes aceptar una etapa intermedia en la que, pese a no ir exactamente a tu lado, la correa no llega a tensarse. A continuación, enséñale a caminar a tu lado, recompensándolo en cuanto lo haga: esto requiere un esfuerzo por parte de tu compañero, ya que debe centrar su atención en tu ritmo.

No hagas que estas salidas duren demasiado las primeras veces. A medida que tu perro aprenda a pasear, espacia los premios y dáselos solo de vez en cuando.

Si acabas de empezar a convivir con un cachorro, el aprendizaje de los paseos con correa debe comenzar lo más pronto posible, primero en tu jardín si es posible, ya que le supone menos estrés. Los pasos deben ser graduales: haz que acepte el collar, luego la correa. No debe permitirse que juegue con ella ni que la muerda. No dejes nunca que tire: en cuanto lo haga (generalmente a cada momento cuando son muy jóvenes), dale un tironcito en la correa para que vuelva hacia ti y dile «Aquí»; luego prémialo.

Cabe destacar que tirar con fuerza de él con la correa para obligarlo a que esté junto a ti no lleva a ningún sitio. Estas sesiones solo deben durar unos minutos, pero deben repetirse tantas veces como sea posible.

¿SABÍAS QUE...?

Las correas extensibles no son nada recomendables para el adiestramiento con correa. Son incluso contraproducentes, porque cuando tu perro tira, la correa se desenrolla, tiene más libertad y es recompensado. Así te asegurarás de que siga tirando. Por otra parte, estas correas, cuando están desenrolladas, no te permiten reaccionar rápidamente en caso de peligro (traer al perro de vuelta hacia ti si cruza la calle).

Los collares de ahorque también deben evitarse: castigan el mal comportamiento con un estímulo desagradable o incluso doloroso cuando el perro tira, pero no enseñan el buen comportamiento. Muchos perros se acostumbran al dolor y siguen tirando.

Por otra parte, algunos collares con un sistema similar al del ronzal de un caballo pueden ser de gran ayuda. Cuando el animal tira, el collar le gira la cabeza. El perro no puede tirar si quiere seguir viendo lo que tiene delante.

Los arneses son mejores para los perros pequeños (propensos al colapso traqueal) y las razas de cara achatada, que pueden sufrir dificultades respiratorias. La presión ejercida por el collar puede ser perjudicial, a menos que tu perro no tire en absoluto.

MI PERRO NO OBEDECE NADA: ¿QUÉ PUEDO HACER?

Tu perro hace lo que le viene en gana y se niega a obedecerte. Tu mascota puede estar en plena crisis de la adolescencia. Empieza alrededor de los seis meses, con un pico a los nueve, y a veces dura hasta el año y medio. En esta época, el perro sufre un trastorno: sus hormonas empiezan a actuar en él, no hace tanto caso ni se concentra. No es raro tener la impresión de que el aprendizaje retrocede.

Antes de concluir que es testarudo porque se niega deliberadamente a obedecerte, hazte las preguntas adecuadas: ¿me escucha mi perro? ¿Entiende lo que le digo?

Para que tu perro responda a una orden, debes llamar su atención. No utilices diminutivos ni palabras cariñosas para dirigirte a él, como «bebé» o «tesoro»; llámalo simplemente por su nombre. A continuación, establece contacto visual. En sesiones cortas, llámalo y, en cuanto venga hacia ti y te mire, dale una golosina. Repítelo varias veces y, cuando acuda, retrocede unos pasos: debe mantener el contacto visual para ser recompensado. ¿Estáis dando un paseo y te busca? Felicítalo por su iniciativa: está atento y comprende que debe mirarte e interesarse por ti.

No permitas que fracase. Puede que tu perro sea extremadamente obediente en la cocina, donde has practicado las sesiones de adiestramiento, y ya no lo sea tanto en el parque. Sin embargo, entre la cocina y el parque, este último lleno de estímulos diferentes (perros, ruidos, pájaros, paseantes), es fundamental consolidar lo aprendido en los demás entornos. Aunque tengas un perro ya adulto, no dudes en retomar gradualmente con él las nociones básicas.

Si le pides a tu perro que vaya a su cesta después de haber hecho algo malo, no te interpongas entre él y su destino: le será imposible alcanzarlo si estás en su camino. Déjale la vía libre.

Exígele que responda a tus órdenes a la primera. Si tienes que repetirle varias veces lo mismo antes de que obedezca, no tendrás ninguna posibilidad de conseguir que te obedezca en una situación poco habitual.

Asegúrate de ser coherente en las palabras que utilizas para cada orden y en lo que esperas de él. Una actitud o un vocabulario aleatorios pueden ser desestabilizadores para el animal: no entenderá lo que quieres. Todos los miembros de tu familia deben seguir la misma pauta. Cumple siempre tu orden, no cedas.

Por último, debes saber que la obediencia debe trabajarse durante toda la vida. ¡La dejadez y los malos hábitos pueden aparecer rápidamente!

UN CONSEJO

Para que tu perro te obedezca, pónselo sencillo. Es más fácil que se concentre si acaba de descansar y no tiene hambre. Por tanto, debes evitar las sesiones de adiestramiento justo después de comer, ya que las golosinas no le interesarán demasiado.

¿CÓMO PUEDO HACER QUE DEJE DE PEDIR COMIDA?

¿Se te hace imposible pasar una comida sin tu perro al lado esperando, más o menos tranquilo, a que le des un trozo de pollo que ha visto en tu plato? Tu perro te está pidiendo comida, pero, en realidad, tú has provocado involuntariamente este comportamiento.

Este tipo de hábito es indeseable en muchos sentidos. No solo puede ser molesto para ti y los que te rodean, sino que no es lo ideal para la salud de tu mascota, ya que lo que comemos no es necesariamente adecuado para su organismo y suele ser un añadido a su ingesta diaria de alimentos, con el riesgo de que aumente de peso.

Por desgracia, se trata de un comportamiento al que tu mascota se acostumbra rápidamente, pero del que es difícil que se desprenda. Le bastan dos o tres intentos con éxito para que vea la utilidad de su comportamiento.

Un perro puede pedir comida de muchas maneras: poniéndote la cabeza en el regazo, subiéndose a ti si es un perro pequeño, ladrando, poniendo las dos patas encima de la mesa... Pero a veces es más discreto: silencioso, no te quita ojo de encima cuando estás almorzando. Esta es también una forma de pedirla.

Este comportamiento es difícil de erradicar, por lo que tendrás que ser paciente y constante.

A partir de ahora no le darás nada de la mesa. Deja claro a todos los miembros de tu familia que no hay excepciones y que todos tienen que estar de acuerdo. Las primeras veces, es probable que tu perro insista aún más, ya que no entenderá lo que ocurre. No cedas: es el momento más difícil. Si cedes una vez, tendrás que volver a empezar. Si se hace demasiado pesado y molesta en exceso, levanta la voz, di «No» con firmeza y aíslalo en otra habitación.

Lo ideal es que lo ignores por completo, porque, al suplicar, tu perro quiere llamar tu atención: así que no le hables, no lo acaricies, no lo mires, porque incluso el contacto visual lo tomará como un incentivo para persistir. Sigue estas mismas reglas al preparar la comida.

Por último, acostúmbrate a que, cuando le des a tu perro de comer, incluso una golosina (recordando que siempre debe venir de ti), sea siempre en su cuenco, para que pueda ver dónde debe comer.

UN CONSEJO

Fuera de las horas de comer, enséñale a tu perro a permanecer en su cesta, diciéndole: «A tu cesta». Una vez que haya aprendido esta orden, podrá permanecer allí durante mucho tiempo. De esta forma, podrás enviarlo a su cesta cuando te sientes a la mesa.

¿CÓMO CONSIGO QUE NO SE LE SUBA A LA GENTE?

Tu perro ha desarrollado el hábito de saltar para saludarte cuando llegas a casa y hace lo mismo cuando vienen amigos.

Con este comportamiento, intenta llamar tu atención y acercársete a la cara para establecer contacto, igual que cuando dos perros se lamen mutuamente.

Cuando tu mascota tenía dos o tres meses y saltaba sobre ti, te parecía conmovedor: te agachabas para acariciarlo y tranquilizarlo. Ahora ya no lo es tanto, pero tu actitud durante los primeros meses reforzaba este comportamiento, ya que él obtenía en contrapartida satisfacción cada vez que actuaba así. Por tanto, ahora te toca ponerle remedio.

Cuando llegues a casa y lo veas nervioso, no dudes en volver a salir y esperar unos minutos antes de entrar por segunda vez. Repite esta operación hasta que se calme y ya no tenga la tentación de saltar.

En cuanto salte sobre ti, mantén siempre la misma actitud: ignóralo y no establezcas ningún contacto físico (no lo apartes con la rodilla ni la mano, la mejor actitud es permanecer inmóvil con los brazos cruzados sobre el pecho) ni contacto visual (no lo mires) ni le dirijas la palabra. Incluso puedes darle la espalda, porque recuerda que tu perro quiere tener acceso a tu cara.

Antes de que empiece a saltar sobre ti, dile que se siente. «Siéntate» es la orden más fácil de aprender, pero debe ser eficaz y no hace falta que la repitas varias veces. En cuanto lo haga, recompénsalo, pero siempre con calma, ya que le estás pidiendo que contenga su energía, así que actúa en consecuencia. Mientras esté sentado, tu perro no puede saltar. Si se levanta e intenta saltar, vuelve a darle la espalda.

Algunos perros se ponen demasiado nerviosos para sentarse. En este caso, lo mejor es recurrir al juego: ten siempre un juguete a mano cuando llegues a casa. Y, antes de que tu perro haya tenido tiempo de saltar, úsalo para desviar su atención.

Pídele a toda la familia que adopte la misma actitud. La constancia es clave: si un día le muestras atención a tu perro cuando salta sobre ti y al siguiente lo ignoras, estás practicando lo que se llama refuerzo aleatorio, que incide de forma permanente en el comportamiento, bueno o malo.

UN CONSEJO

Para conseguir que tu perro deje de saltar también sobre quienes te visitan, pide a algunos amigos que asuman este papel, habiéndoles informado desde el principio sobre cómo comportarse. Diles que ignoren al perro, se queden quietos y crucen los brazos.

Poco a poco, enséñale a tu mascota a quedarse quieta cuando abras la puerta de casa para recibir a los invitados.

¿CÓMO PUEDO EVITAR QUE LADRE?

Todos los perros ladran, pues es parte de su forma de comunicarse; algunas razas (el grupo de los terrier, por ejemplo) son más ruidosas que otras. Pero los ladridos pueden convertirse fácilmente en un problema para la tranquilidad de la casa y del vecindario.

Tu perro puede ladrar por varias razones y la actitud que se debe adoptar variará en función de la causa:

- Si tu perro ladra cuando no estás cerca, es porque no soporta estar solo. Tiene lo que se llama ansiedad por separación.

- También puede significar «Quiero salir», «Quiero ir a casa», «Quiero jugar», «Quiero comer», «Ocúpate de mí en lugar de hablar por teléfono»: en todos estos casos, tu perro ha aprendido que expresándose obtiene lo que quiere, antes o después. Ha bastado ceder a su petición unas pocas veces para anclar este comportamiento indeseado. La única forma de que no ocurra es ignorarlo: no lo toques, no lo apartes, no lo regañes, no lo mires. Simplemente dale la espalda, vete a otra habitación y haz como si no existiera. Ten paciencia y autocontrol: tu perro ya no se sale con la suya ladrando. Las primeras veces, puede que ladre aún más fuerte. Aguanta. Pero, en cuanto pare, llámalo, acarícialo, abre la puerta y lánzale su juguete. Si sigues haciendo esto, tu perro entenderá que ladrar no es eficaz. Si acabas de comprar un cachorro, ten mucho cuidado de no responder a sus peticiones cuando ladre.

- Tu perro también puede ladrar para saludar. En este caso, cálmalo. No levantes la voz ni te enfades, ya que solo conseguirás aumentar la intensidad de sus ladridos. Cuando estén a punto de llegar los invitados, dale un juguete con golosinas para mantenerlo ocupado o dile «A tu cesta». Hazlo cuando aún esté tranquilo.

- A veces los perros ladran para vigilar su territorio: su objetivo es disuadir a cualquiera de entrar, ya sea a tus visitas o a otras personas.

- Tu perro también puede mostrar su miedo ladrando cuando ve u oye algo inusual.

En estos dos últimos casos, puedes empezar por limitar su campo de visión y los estímulos externos cerrando las persianas o cubriendo la ventana a su altura con una lámina opaca. Tu perro irá perdiendo poco a poco el interés por esta actividad de vigilancia.

Lo ideal es que le enseñes a tu perro la orden «Silencio». Cuando empiece a ladrar, colócate frente a él con una golosina que pueda oler en una mano cerrada. Cuando se acerque y la huela, se callará. En ese momento di «Silencio»; deja caer inmediatamente la golosina al suelo. A continuación, desvía la atención de tu perro, de aquello por lo que estaba ladrando, llamándolo hacia ti y pidiéndole que se siente; hazlo con calma y dale una golosina. En cuanto vuelva a ladrar, repite los mismos pasos. Al cabo de varios días, asociará el significado de «Silencio» con recibir una golosina. Prolonga gradualmente el tiempo entre que le dejas oler la golosina y se la das.

Para que estos métodos sean eficaces, debes ponerlos en práctica con constancia y calma. Por último, proporciónale a tu perro una rutina diaria de ejercicio físico y mental para que sea menos propenso a excitarse ante el menor estímulo y esté más tranquilo en casa.

¿SABÍAS QUE...?

Los collares antiladrido no son una buena solución. Funcionan por castigo, aplicando un estímulo desagradable cuando el perro ladra (difusor de citronela, vibración, descarga eléctrica). Esto no le enseña el comportamiento correcto (calmarse o callarse). El perro solo entiende que, cuando lleva el collar, puede ocurrirle algo desagradable. En cuanto se lo quites, volverá a ladrar. Tampoco utilices un bozal o una correa con bozal para que no ladre: no puede beber, comer ni respirar correctamente. Es una forma de maltrato.

¿CÓMO CALMARLE EL CELO?

Tu perro tiene un comportamiento que a veces puede avergonzarte: acostumbra a ponerse a horcajadas sobre tu pierna, o incluso sobre la de algún invitado, otro perro, el gato de la casa, un peluche, un cojín... e imita el acto sexual. Esta práctica no es exclusiva de los machos sin castrar, ya que también puede darse en machos o hembras esterilizados. Es un comportamiento normal que aparece en cachorros cuando juegan juntos, entre los propios hermanos, porque es una forma de entrenamiento antes de alcanzar la madurez sexual.

En la edad adulta, puede haber varias causas que lo expliquen:

- La más obvia es la manifestación de excitación sexual en el animal: tu hembra está en celo o, si es un macho, está estimulado por la presencia de hembras en celo en los alrededores. En este caso, el comportamiento masturbatorio va acompañado de todo un lenguaje corporal propio de los inicios del apareamiento: orejas hacia atrás, lamidos, hipersalivación, agitación general, cola muy agitada...

- Si tu perro (macho o hembra) tiene tendencia a actuar de esta manera con otros perros cuando juegan juntos, suele deberse a que de pequeño no aprendió los códigos caninos esperados y no sabe jugar. Sin embargo, este déficit de aprendizaje puede llegar a representar cierto peligro, ya que su comportamiento puede desencadenar una reacción agresiva por parte de otros animales.

- Ante una situación nueva y estresante, el perro tenderá a masturbarse para tranquilizarse y calmarse. Si la ansiedad del perro se prolonga en el tiempo, la masturbación puede llegar a ser compulsiva.

- Al intentar cabalgar, tu perro intenta reafirmar su estatus con respecto a un congénere o a tu propia pierna: trata de tomar el control.

- Tu mascota también puede estar simplemente buscando tu atención, sobre todo si su día a día no es lo suficientemente estimulante o si carece de afecto.

Entonces, ¿qué se puede hacer para limitar este comportamiento masturbatorio tan embarazoso y desagradable? En primer lugar, esteriliza a tu mascota (macho o hembra) si aún no lo has hecho. Sea cual sea el origen del comportamiento, siempre tendrá cierto impacto inhibitorio en tu mascota.

En cuanto empiece a mostrar deseos de masturbarse, desvía su atención: lánzale un juguete o pídele que responda a pequeñas órdenes básicas y recompénsalo en consecuencia.

Si tiende a querer sentarse a horcajadas sobre tus invitados, enséñale a quedarse quieto durante varios minutos, hasta que se le pase la excitación.

Enséñale la orden «Déjalo», que te será muy útil cuando quiera subirse a los perros con los que juega.

Y, sobre todo, ofrece a tu mascota actividades estimulantes para evitar este tipo de comportamiento obsesivo.

¿SABÍAS QUE...?

Si el comportamiento masturbatorio aparece de repente, puede haber una causa médica subyacente, como una infección del tracto urinario, una inflamación del tracto genital o priapismo (erección incontrolada). Estas afecciones pueden hacer que tu perro se lame o se frote para calmar los síntomas.

MI PERRO TIENE CELOS: ¿QUÉ PUEDO HACER?

A veces atribuimos sentimientos humanos a nuestros perros. Es lo que se conoce como antropomorfismo. Con todo, un estudio científico de 2014 demostró que los perros experimentan el sentimiento de los celos. Seguro que lo has notado si has acogido a un bebé en casa o si alguna vez has acariciado a otro perro durante un paseo. El comportamiento de tu mascota cambia: intenta interponerse, gime o ladra, te tira del calzado para llamar tu atención.

Tú eres su ser de apego y la presencia de un rival la ve como una amenaza. Si siente celos de tu nueva pareja o del recién nacido, esto puede afectar mucho a su estado de ánimo: cambios de comportamiento, disminución del apetito, búsqueda constante de atención, tendencia a destruir, a hacerse sus necesidades donde no debe, lamido excesivo o incluso agresividad. Cualquier cosa que altere la rutina de tu perro puede tener repercusiones, sobre todo si está apegado a ti y no es muy independiente.

Si tu mascota siente un apego excesivo hacia ti, es difícil que se produzcan cambios rápidamente. Por eso es esencial evitar responder a todas sus peticiones, ya que tenderá a querer estar a tu lado todo el tiempo, para dormir, comer y jugar. Mantén la iniciativa en las interacciones y anímalo con una golosina cuando juegue solo o descanse lejos de ti. Si no le prestas atención constante, aprenderá a frustrarse.

Una buena socialización y ser capaz de estar solo forman parte de los aspectos básicos del adiestramiento de cualquier perro.

Si tu mascota tiene celos, ignora sus demandas de atención. La más mínima caricia, palabra o mirada, pero también la más leve reprimenda, no harán más que reforzar este comportamiento indeseado. Por el contrario, en cuanto te ignore o parezca alejarse, llámalo, acarícialo y prémialo.

Si tu perro se siente querido, si satisfaces sus necesidades de salidas, ejercicio, juego y mimos, aceptará más fácilmente la presencia de una tercera persona en tu vida.

Anímalo a interactuar gradualmente con la persona responsable de sus celos, y viceversa: tu pareja, un niño u otro animal. Es esencial que las experiencias positivas os unan. Por ejemplo, tu pareja puede empezar a cuidarlo, sacarlo a pasear y darle golosinas. Si acabas de adoptar a otro perro, puede ser una oportunidad para pasearlos por lugares nuevos, para que jueguen juntos.

Si tu perro entiende que el recién llegado no es una amenaza, sino que se beneficia de su presencia, ¡no hay razón para que sienta celos!

UN CONSEJO

El comportamiento celoso suele estar inducido por nuestra actitud hacia la mascota. Tras una ruptura, no es raro que la gente adopte una mascota para llenar un vacío emocional, pero las atenciones excesivas que se dan al perro plantearán un problema cuando llegue un nuevo cónyuge.

¿CÓMO PUEDO EVITAR QUE SE ESCAPE?

Vives en el campo, tu perro tiene un gran jardín y, sin embargo, suele escaparse por debajo de la valla o huye en cuanto abres la puerta.

En primer lugar, asegúrate de que tu jardín está bien vallado y de que tu perro entiende los límites. Si tiene fácil acceso a la libertad, ¿por qué no iba a quererla? Hay muchas razones para este comportamiento, que no solo es desagradable, sino también peligroso para su vida o para los automovilistas que se cruzan en su camino.

Tu perro se puede escapar por dos motivos principales:

- El primero es que quiera evitar algo que no le gusta en casa o por estrés: una tormenta, la presencia de trabajadores, la llegada de un bebé. Hay que identificar esta posible causa y alejarlo de ella o educarlo progresivamente para que deje de tener miedo.

- La segunda razón, y la más importante, es que tu perro busca algo que no tiene en su entorno: una pareja sexual, un gato al que perseguir para satisfacer sus instintos de caza, comida o simplemente algo con lo que hacer ejercicio y descubrir cosas nuevas.

Tu perro necesita explorar y estimulación mental. En un jardín, por grande que sea, puede ser más infeliz que otro que vive en un piso y cuyo dueño le ofrece paseos diarios. Si no se le da nada nuevo, puede aburrirse.

Así que cambia tu estilo de vida. Dale la oportunidad de descubrir otros lugares mediante paseos en los que percibirá nuevos olores, conocerá a otros perros o compartirá una nueva actividad contigo (*frisbee*, natación...).

Toda la energía que gaste durante este paseo no la utilizará para huir.

Haz también el jardín más atractivo para él. Déjale juguetes, esconde pequeñas golosinas por distintas partes (incluso puedes optar por darle su ración de comida de esta forma). Conviértelo en un patio de recreo permanente. No dudes en realizar sesiones de adiestramiento con él en el jardín; así podrás recuperar el control de este espacio.

Por supuesto, si tu perro es un macho que no está castrado, la esterilización también puede reducir su deseo de huir. Asimismo, cuando tu perro vuelva a casa, no debes mostrarle ningún disgusto, porque él no lo asociará con su huida, ¡sino con su regreso! Esto solo lo animará a marcharse cuanto antes y a no volver. Tendrás que controlarte, a pesar de tu legítima preocupación y enfado. Salúdale con alegría o incluso recompénsalo con una golosina que le guste: ha vuelto y es este comportamiento el que debes reforzar. Si atrapas a tu perro mientras está fuera, en el vecindario, haz lo mismo: alégrate de haberlo encontrado y elógialo por haberse dejado poner la correa.

Los problemas de fugas son complicados de resolver. Si estos consejos no son suficientes, busca ayuda profesional.

¿SABÍAS QUE...?

Existen vallas combinadas con un collar que envía una descarga al perro cuando intenta cruzarlas. Esto es eficaz, pero en absoluto recomendable. Si tu perro se escapa, es por algo. Averigua cuál es el problema. Si se escapa porque se aburre, es mejor darse cuenta de ello y tomar medidas para evitar esta frustración. Además, algunos perros, bajo estrés, consiguen saltar este tipo de vallas y luego no pueden cruzarlas en sentido inverso.

MI PERRO LE TIENE
MIEDO A TODO

Tormentas, petardos, fuegos artificiales, zumbidos, timbres, niños pequeños: todas estas situaciones pueden asustar a tu perro. Se esconde, tiembla, a veces incluso ladra: la incomodidad que muestra te entristece. Vas a buscarlo, lo acaricias, lo tranquilizas para calmarlo, pero no sirve de nada. Tu reacción es normal y comprensible, pero no es en absoluto la apropiada. Al contrario, refuerzas su ansiedad al transmitirle el mensaje de «Tu miedo es legítimo».

Entonces, ¿qué se puede hacer para que desaparezca esta ansiedad?

En primer lugar, si tienes un perro miedoso, es importante que se sienta seguro contigo. Aunque muestre sus miedos en el exterior (por ejemplo, cuando pasa una bicicleta o una anciana con un andador), ante todo debes proporcionarle un entorno tranquilizador en casa. La ansiedad es un trastorno que puede desarrollarse gradualmente, a partir de miedos específicos.

Sobre todo, no intentes obligar a tu perro a presenciar una sesión de fuegos artificiales, esperando que se acostumbre a ellos; corres el riesgo de aumentar su ansiedad y, sobre todo, de romper la confianza que te tiene.

Para reducir su miedo, hay que «desensibilizarlo» exponiéndolo a los estímulos, pero de forma gradual y repetida. Tomemos el caso de la aspiradora: tu perro le tiene miedo al objeto, pero sobre todo al ruido que hace. Empieza sacando la aspiradora del armario sin ponerla en marcha. Tu perro probablemente se esconderá debajo del escritorio, como de costumbre, pero al cabo de unos minutos, como no pasará nada, saldrá. La aspiradora está en la cocina e inmediatamente parece menos aterradora, sobre todo porque te ve preparando la comida sin preocuparte del objeto que le aterra. Al cabo de unos días, tu perro se acostumbrará a la aspiradora y podrás empezar a manejarla sin encenderla. El ruido es un segundo estímulo que hay que trabajar. Existen grabaciones de audio (disponibles en CD o en internet) de diversos ruidos cotidianos que pueden asustar a los animales. El objetivo es exponer al animal a lo que le asusta, pero empezando con un nivel de ruido muy bajo. Puedes aumentar gradualmente la intensidad, siempre que tolere bien el nivel al que hasta entonces se haya expuesto. Esto se aplica a todos los miedos provocados por ruidos. La desensibilización es un método de probada eficacia, siempre y cuando no vayas demasiado rápido (puede llevar varias semanas o incluso meses en el caso de miedos muy arraigados). Permanece muy atento a la actitud de tu perro: si muestra la más mínima tensión, si se le dilatan las pupilas, si empieza a temblar o a salivar, es porque lo estás exponiendo a un umbral que aún no tolera. No insistas y vuelve atrás. Una vez completados todos los pasos, puedes volver a aspirar, pero no enciendas la aspiradora justo a su lado: empieza en una habitación alejada de él para no estropear el trabajo que hayas hecho hasta el momento.

La desensibilización puede combinarse con el contracondicionamiento. Consiste en asociar el estímulo desagradable con una experiencia positiva. Por ejemplo, unos minutos antes de encender la aspiradora, juega a la pelota con él. Así desviarás la atención de la aspiradora y establecerás una asociación positiva entre ambos hechos. En caso de estímulos que no puedas controlar (tormentas, fuegos artificiales, etcétera), mantén la calma y no muestres ninguna emoción. Los perros son tan empáticos que una actitud anormal por tu parte puede reforzar su estrés. Compórtate de manera normal, como si no hubiera pasado nada: enciende la radio, lee o habla en un tono neutro.

Algunos miedos están arraigados en el perro debido a acontecimientos pasados que lo han traumatizado. Si has acogido a un perro adulto, es difícil saber a qué se ha enfrentado. Puede tenerles fobia a los hombres que caminan con bastón porque una vez alguien así lo maltrató. El método de desensibilización combinado con el contracondicionamiento puede aplicarse exponiendo gradual y repetidamente al animal a lo que le da miedo (cruzándoos regularmente con una persona con bastón en un parque el fin de semana o haciendo que un amigo represente el papel). Suele ser un proceso que puede durar varios meses. Sé paciente y estate atento a las señales de tu mascota.

UN CONSEJO

En algunos perros, el miedo provoca a veces reacciones de comportamiento excesivas: ladridos, destructividad, conductas antihigiénicas. Se trata de un estado patológico. Tu veterinario te podrá ayudar, ya que puede ser necesario un tratamiento. Existe un tratamiento natural derivado de la leche materna que tiene propiedades calmantes, pero a veces son necesarios ansiolíticos antes de emprender una terapia conductual.

¿QUÉ DEBO HACER
SI ES AGRESIVO CON
OTROS PERROS?

Si tu perro se pelea con frecuencia con otros perros, este comportamiento desagradable y peligroso puede deberse a varias razones.

Dos perros pueden pelearse sin que su comportamiento tenga consecuencias. Pueden ponerse nerviosos en determinadas circunstancias (entorno excitante, juego), gruñir, erizarse, enseñar los dientes y, finalmente, si ninguno de los dos se calma o huye, hacer como que atacan, pero no necesariamente acaban haciéndose daño. Se trata de una actitud que forma parte de su etograma como perro.

En otros casos, sin embargo, la agresividad de un perro hacia otros no es la esperable. Los perros verdaderamente agresivos suelen sufrir un déficit de socialización: entre los dos y los cuatro meses de edad, no se han educado lo suficiente mediante experiencias positivas con otros perros. En este caso, tu mascota tiene miedo de lo que no conoce y adopta una actitud agresiva para alejar la fuente de su malestar y hacer que el otro perro huya. También puede intentar huir él mismo, pero, si esto no le es posible (porque lleve correa), su única defensa será atacar.

La socialización es realmente una etapa clave en la vida de tu perro y, aunque el periodo «crítico» termina a las dieciséis semanas, es importante afianzar esta base durante toda su vida y ofrecerle encuentros con perros de ambos sexos y de diferentes razas, tamaños y edades.

Tu mascota también puede ser agresiva como consecuencia de una experiencia traumática pasada: pese a estar perfectamente socializado, un día lo atacó otro perro sin motivo aparente y este recuerdo lo persigue. O bien, tu perro es muy juguetón, pero no ha aprendido a controlarse (esto se llama autocontrol y normalmente se lo enseña la madre u otro perro adulto antes de las doce semanas). En consecuencia, no entiende las señales de enfado del animal que tiene delante y este acaba atacándolo. En ambos casos, hay que ayudarle a recuperar la confianza en sí mismo y en sus congéneres mediante encuentros positivos en contextos neutros.

A veces eres tú quien tiene miedo de otros perros. A través de tus reacciones (enfado, gritos, cambio brusco de dirección, llevar al perro en brazos) estás comunicando tu propio miedo a tu mascota. Ten en cuenta que dos perros equilibrados que se encuentran son capaces de comunicarse y adaptarse el uno al otro para que todo vaya bien. Es raro que los perros busquen pelea voluntariamente. Tu presencia debe ser neutral.

Cuando dos perros que pasean con correa se cruzan, suelen aparecer señales de agresividad cuando al principio todo parecía perfectamente normal. Esto se debe a que la correa obstaculiza sus movimientos y no les permite expresarse con normalidad. El ambiente puede acabar enrareciéndose, mientras que, si los perros se hubieran encontrado en libertad, no habría pasado nada.

¿Te has dado cuenta de que los perros pequeños son a veces muy insolentes y agresivos con perros mucho mayores que ellos? Hay varias razones que lo explican. Llevados a menudo en brazos, estos perros tienen la oportunidad de mirar a los demás desde arriba, con una sensación de seguridad: ¡se creen invencibles! Esta sensación puede verse reforzada durante sus encuentros caninos: cuando gruñen o ladran a un compañero de cuarenta kilos, puede que este se dé la vuelta por falta de interés en el pequeño energúmeno. Pero entonces el perro siente que lo ha asustado, cree que ha ganado y su comportamiento se ve reforzado. También los perros pequeños, como los chihuahuas o los yorkshire, suelen estar peor educados que los grandes: dado su tamaño, aparentemente todo resulta menos molesto, ya sea por haber hecho sus necesidades donde no debía, por ladrar o por posibles agresiones. Sin embargo, estos perros pueden herir a otros y, si se rebelan, el mordisco de un labrador a un chihuahua puede ser terrible. Por eso hay que educar a los perros pequeños, socializarlos y darles tiempo en el suelo para que exploren y conozcan a sus congéneres en condiciones normales.

Un animal agresivo también puede ser un perro que sufre (artrosis, por ejemplo) o que defiende un territorio del que se ha apoderado.

En cualquier caso, no te tomes a la ligera el comportamiento agresivo de tu perro. Si es necesario, recurre a un profesional del comportamiento canino para que te ayude a tratar esta agresividad. Las consecuencias no solo pueden ser dramáticas, sino que a menudo se establece un círculo vicioso: puedes acabar teniendo miedo de pasear a tu perro, por lo que el animal ya no sale, se frustra y, sin contacto con sus congéneres, su aversión aumenta.

Por otra parte, la castración solo tendrá efecto si se trata sistemáticamente de una agresión entre machos.

UN CONSEJO

Si tu perro se pelea, no intervengas físicamente. En la excitación y el enfado, podría morderte: es lo que se llama agresividad redirigida. Para intentar separarlos, lo ideal es que les eches agua o les lances algo lo suficientemente contundente que no les haga daño (una bolsa que tengas a mano, tu abrigo). Una vez separados, acércate para poner algo de distancia entre ellos, pero mantente alerta. Tu perro aún está con demasiada adrenalina y puede estar herido, en cuyo caso podría atacarte si le haces daño sin querer.

¿QUÉ HAGO SI MI PERRO ES AGRESIVO?

Que tu propio perro actúe de forma agresiva es extremadamente inadecuado. Morder es el acto final, pero antes de llegar a ese punto hay señales de advertencia. Si el perro está en posición ofensiva, lo manifiesta gruñendo, emitiendo ladridos roncos en un intento de asustar, erizándosele el pelaje o enseñando los dientes. Si está en posición defensiva, los signos pueden ser menos elocuentes: mete el rabo entre las piernas, se agacha con la cabeza en posición baja, se lame los labios, tiene una mirada huidiza.

Un perro equilibrado no se comportará de forma agresiva sin un motivo, pero puede haber muchos motivos.

Las principales razones pueden ser las siguientes:

- Agresividad territorial: el perro defiende su territorio (el jardín o la casa) contra la intrusión de un extraño o de una persona ajena a la familia.
- Agresividad posesiva: defiende un juguete que le pertenece, su cuenco o un hueso, pero también su lugar para dormir o el de su dueño.
- Agresión maternal: la madre defiende a sus cachorros.
- Agresión jerárquica: el perro no tolera la coacción o el contacto físico que le impone un miembro de la familia.

- Agresión por miedo: el animal intentará inicialmente escapar de la fuente de estrés, pero, si se siente acorralado, puede atacar para escapar o acercarse y morder las pantorrillas de la persona que se echa atrás antes de huir. Las mordeduras de los perros temerosos suelen ser las más dañinas. El perro mantendrá el mordisco por miedo, mientras que a un perro que quiera afirmar su superioridad le bastará a menudo con un mordisco de atención.

- Agresión relacionada con el dolor: un animal enfermo, que sufre o está herido puede atacar a su dueño.

- Agresión redirigida: el perro ataca a su dueño que interfiere mientras el perro está siendo agresivo con otro perro o un extraño.

- Agresión por frustración: cuando el perro atado no puede interactuar con otros perros o se le niega el acceso a lo que desea.

- Agresividad depredadora: el perro puede llegar a perseguir a un niño como si fuera una presa.

Detrás de todas estas formas de agresión suele haber una o varias de las siguientes causas subyacentes: miedo o ansiedad, frustración, dolor o malestar.

Si tu perro muestra un comportamiento agresivo hacia ti, un miembro de la familia o un extraño, es importante tratar de identificar el motivo del comportamiento para no repetir las circunstancias en que se produjo y consultar rápidamente al veterinario. Un reajuste inmediato de cómo lo estás educando, del estilo de vida del animal y de tus interacciones con él evitará que el comportamiento se consolide.

En cualquier caso, cuando un perro muerde, la situación es grave y debe tratarse de inmediato.

UN CONSEJO

Cuando tu perro gruña (por ejemplo, si tu hijo se le acerca mientras come, si te cruzas con una persona en la calle con una forma de andar que le asuste), no lo castigues. Al gruñir, está mostrando su miedo e incomodidad, lo que te permite tomar las medidas necesarias para evitar que muerda: dile a tu hijo que lo deje en paz o cambia de acera, respectivamente. A continuación, puedes trabajar tranquilamente con tu perro sobre el origen de esta actitud.

Pero si lo regañas cuando gruña, al final dejará de avisar y pasará directamente a morder. Es a menudo en estas circunstancias cuando se producen accidentes en el hogar.

¿PUEDE MI PERRO ESTAR DEPRIMIDO?

Tu perro siempre ha parecido alegre y juguetón. Sin embargo, desde hace algún tiempo tienes la sensación de que no es feliz. La depresión es una enfermedad que también puede afectar a nuestras mascotas. Se manifiesta a través de uno o varios síntomas: pérdida de apetito, falta de entusiasmo por las salidas, desinterés por el juego o las actividades habituales, fatiga, necesidad de aislarse o, por el contrario, no pierde de vista a su amo, concentración obsesiva en un objeto inanimado...

Antes de llegar a la conclusión de que tu perro está deprimido, consulta con el veterinario para descartar cualquier otra causa, ya que muchas enfermedades pueden manifestarse mediante estos síntomas (artrosis, insuficiencia renal, hipotiroidismo...). Una vez que descartes cualquier causa fisiológica, será posible avanzar hacia una pista conductual; muy a menudo, cuando el estado de ánimo de un perro cambia de esta manera, se debe a una modificación en su entorno. Se dice entonces que el perro sufre una depresión reactiva.

La muerte de un miembro de la familia o de otra mascota, un divorcio, una mudanza o la marcha del hijo mayor a la universidad pueden resultar perturbadores para tu mascota. La llegada de una nueva persona (un bebé, un nuevo cónyuge, la adopción de un segundo perro o gato) puede tener el mismo efecto si tu compañero recibe menos atención y pasa a un segundo plano.

Si tu perro se queda solo demasiado tiempo durante el día, si le han cambiado los horarios o si no te ocupas lo suficiente de él (salir, jugar, mimarlo), se aburrirá. Esta situación puede provocarle malestar.

Y al contrario, puede que no se adapte a una vida más agitada: los perros son animales que necesitan hábitos y rituales para su equilibrio.

Por último, un perro puede deprimirse por «contagio» si su dueño se encuentra en esta situación: el malestar que siente en el hogar puede afectarle a su propio estado de ánimo.

Una de las claves para ayudar a tu mascota suele ser la interacción que puedas tener con él: cuídalo, demuéstrale que lo quieres, preséntale a otros perros, organiza actividades que lo saquen de su rutina, pero no olvides mantener ciertos hábitos. Si no tienes tiempo suficiente, puedes contratar a una persona para que lo saque a pasear varias veces a la semana por lugares estimulantes.

Pero ten cuidado y no tengas prisa por que tu perro vuelva a ser el de antes, ya que podrías superar su umbral de tolerancia y volverlo aún más ansioso o incluso agresivo. Empieza con estímulos suaves (caricias, mimos, cepillados) antes de animarlo a jugar. A veces, la compañía de otro animal puede ser la solución. Habla de ello con tu veterinario.

¿SABÍAS QUE...?

Los antidepresivos para las personas pueden recetarse a veces para síntomas graves en perros. Sin embargo, no deben considerarse una solución milagrosa. Solo han de administrarse durante un periodo breve y siempre deben ir acompañados de un cambio en el estilo de vida o el entorno del animal. La fitoterapia se utiliza cada vez más, en particular la valeriana, por sus propiedades calmantes.

Cuarta parte
CUIDAR DE TU PERRO

¿CÓMO PUEDO SABER SI MI PERRO ESTÁ ENFERMO?

Tarde o temprano, tu perro se enfrentará a una enfermedad o un accidente, sea más o menos grave. Estate alerta, porque determinados síntomas o actitudes deben llamar tu atención, sobre todo en el caso de un cachorro o un perro de edad avanzada.

No todos los síntomas implican una absoluta urgencia, pero, si los siguientes persisten durante más de dos días, lo mejor es consultar al veterinario:

- pérdida total o significativa del apetito;
- fiebre, fatiga;
- vómitos y diarrea o estreñimiento;
- lamido excesivo de la zona genital;
- tos, estornudos, secreción nasal;
- si se esconde o se niega a salir;
- cojera, dificultad para moverse;
- picor intenso;
- ojo rojo o cerrado;
- coloración anormal de la orina.

Algunas enfermedades progresan más lentamente y pueden empezar con síntomas leves. Puede que al principio no te preocupen, pero su progresión y persistencia deberían llevarte a buscar consejo:

- aumento de la sed;
- apetito caprichoso o repentino;
- pérdida o aumento anormal de peso;
- vómitos cada vez más frecuentes;
- cambio de hábitos;
- falta de entusiasmo por el juego o las salidas;
- pelaje deslucido o con caspa;
- picor y enrojecimiento de la piel;
- aparición de un bulto;
- intolerancia a las caricias en determinadas partes del cuerpo;
- rigidez del cuerpo al despertar;
- agresividad anormal.

Por último, algunas situaciones requieren actuar con urgencia. En estos casos, debes consultar inmediatamente con un veterinario, independientemente de la hora del día o de la noche:

- pérdida de conciencia, convulsiones;
- dificultad para respirar con la boca abierta;
- sangre en la orina o en la boca;
- parálisis total o parcial de los cuartos traseros;
- hemorragia;
- incapacidad del perro para orinar o defecar;
- vómitos y diarrea incontrolables;
- intentos improductivos de vomitar;
- ingestión de un cuerpo extraño, alimento o planta venenosa;

- accidente de tráfico;
- sospecha de envenenamiento;
- sospecha de insolación.

UN CONSEJO

Consulta con tu veterinario o con las clínicas cercanas si ofrecen servicios de urgencia por la noche y los fines de semana, para no estar desprevenido cuando los necesites. En algunas ciudades también existe un servicio de veterinarios a domicilio. Guarda los distintos números de emergencia en el teléfono.

¿NECESITA UNA REVISIÓN ANUAL?

Seguro que todos los años recibes un recordatorio del veterinario para la vacunación de tu perro. Además de la vacunación, la visita en sí es muy importante, ya que el veterinario aprovechará para realizarle un examen clínico completo: exploración cardiaca y pulmonar, palpación abdominal, observación de los ojos, oídos y mucosas, y evaluación de su estado corporal. Al compartir tu vida diaria con él, es posible que no te hayas dado cuenta de que ha engordado o adelgazado durante el último año, que se le ha apagado el brillo del pelaje, que se le ha empeorado el estado de la dentadura o que simplemente está enfermo: los animales tienden a enmascarar su malestar y su dolor y solo empiezan a mostrar signos cuando la enfermedad está bien avanzada.

El papel del veterinario es alertarte del estado de salud de tu perro y guiarte en las medidas necesarias: dieta hipocalórica, limpieza de sarro u otro tratamiento.

Un seguimiento regular permite detectar signos precoces de enfermedad, lo que conducirá a un mejor tratamiento. Se trata de tomar medidas preventivas en lo posible.

El veterinario puede sugerirte un análisis de sangre o de orina para investigar más a fondo la situación clínica.

Para muchas enfermedades, el dicho «Más vale prevenir que curar» es muy acertado. Además del aspecto puramente médico, también hay que tener en cuenta el económico: los estudios han demostrado que el coste de tratar una enfermedad siempre es menor al principio.

Esta visita anual también será una oportunidad para hablar del comportamiento del animal y hacer algunos ajustes en su comportamiento. Es posible que se hayan instalado malos hábitos y tu veterinario será el más indicado para darte algunos consejos. No dudes en preparar las preguntas que puedas tener con antelación, para así no olvidar nada. También será la ocasión de renovar los tratamientos contra los parásitos internos y externos. La revisión anual es responsabilidad de cada propietario. Ten en cuenta que un año de vida de tu perro equivale a siete años de tu propia vida (esta es la proporción que se suele dar para comparar la edad entre perros y humanos). Así que, si no llevas a tu perro al veterinario durante todo un año, ¡es como no ir al dentista en siete años!

UN CONSEJO

Llevar al perro a una revisión, aunque se encuentre en forma, le permitirá acostumbrarse a la clínica veterinaria y a que lo manipulen. No asociará el entorno de la clínica a una experiencia negativa. Así, el día que se lesione o enferme, acudirá menos estresado y más confiado.

¿TENGO QUE VACUNARLO?

La vacunación forma parte del tratamiento veterinario recomendado para cualquier perro. Protégelo de enfermedades
infecciosas que puedan afectar significativamente a su salud e
incluso llegar a ser mortales. ¿Por qué ponerlo en peligro cuando existen soluciones preventivas?

El principio de la vacunación se basa en la inoculación de
agentes infecciosos desnaturalizados (es decir, inocuos) o solo
una parte de estos microbios, los antígenos. El organismo del
perro desencadenará una reacción inmunitaria específica y pro-
ducirá anticuerpos. Así, si tu mascota se expone a la enfermedad,
su organismo responderá inmediatamente a esta agresión y neutralizará el agente infeccioso gracias a los anticuerpos presentes.

La vacunación es un procedimiento médico llevado a cabo
por un veterinario. Antes de la inyección, el veterinario realiza
un examen de salud para asegurarse de que el animal no está
debilitado o enfermo y de que su sistema inmunitario será capaz
de responder a la estimulación; de este modo garantiza la eficacia de la vacuna. Las vacunas caninas actuales son polivalentes,
lo que significa que protegen contra varias enfermedades.

La vacunación básica incluye la del moquillo canino, la de
la hepatitis infecciosa canina, la de la parvovirosis (las esencia-

les), así como la de la tos de las perreras y la que previene de contraer la leptospirosis.

Gracias a una vacunación sistemática, el moquillo canino y la hepatitis infecciosa son en la actualidad afecciones muy raras en muchos países. Sin embargo, conviene saber que los agentes infecciosos no han desaparecido por completo; pueden encontrarse, por ejemplo, en zorros y ciertos mustélidos. Por eso es importante mantener los más altos niveles de vacunación en la población de perros y no olvidar que se trata de enfermedades graves y mortales.

La parvovirosis es una enfermedad vírica altamente contagiosa y mortal que se manifiesta con diarrea hemorrágica y vómitos que pueden llevar a la muerte del animal. Los cachorros criados en grupo están más expuestos a ella, pero afortunadamente, al igual que ocurre con las dos enfermedades mencionadas anteriormente, es mucho menos frecuente que hace veinte años.

La leptospirosis es una enfermedad causada por una bacteria que ataca al hígado y los riñones. El perro puede contraerla en un entorno sucio, por la orina de un animal a su vez enfermo o simplemente portador de la bacteria (puede ser otro perro, pero también una rata, ciervo, zorro o jabalí). Los perros que se bañan en pequeños arroyos o en aguas estancadas son los más expuestos. El periodo de incubación es de aproximadamente una semana y los síntomas son bastante característicos: fiebre alta, fatiga, falta de apetito, vómitos, diarrea, aparición de pequeñas hemorragias subcutáneas y decoloración amarillenta de las mucosas cuando el hígado está afectado.

Si notas estos síntomas en tu perro, acude urgentemente al veterinario. El tratamiento consiste en la administración de antibióticos; el pronóstico será favorable si la enfermedad se detecta a tiempo y el hígado y los riñones no han sufrido daños irreversibles.

Si llevas a menudo a tu perro al bosque o al campo, o si es un perro de caza, estará expuesto a las garrapatas y, por tanto, al riesgo de transmisión de piroplasmosis o de la enfermedad de Lyme. Existen vacunas contra estas dos enfermedades mortales.

Si vives en la región mediterránea o sueles ir allí de vacaciones con tu amigo de cuatro patas, desde 2011 existe una vacuna contra la leishmaniosis, una enfermedad transmitida por los flebótomos, un tipo de mosquitos.

Por último, si tu perro acude regularmente a guarderías caninas o se encuentra con muchos otros perros en parques, lugares donde la tos de las perreras circula con facilidad, es posible una protección complementaria: una vacuna que se administra por vía nasal actúa contra la bacteria responsable de este síndrome.

Para ser eficaz, la vacunación debe seguir un protocolo extremadamente preciso. Las recomendaciones actuales son de dos a tres inyecciones para los cachorros, con un mes de intervalo, y que el animal tenga dieciséis semanas en el momento de la última inyección. El refuerzo se administra al año de edad y, después, cada año en la misma época. No obstante, tu veterinario puede adaptar el protocolo en función del estilo de vida y la edad del animal, espaciando las inyecciones de refuerzo cada dos o tres años.

La inyección de la vacuna no es dolorosa, pero puede tener efectos secundarios, como pérdida de apetito o fatiga, que no deben durar más de cuarenta y ocho horas.

¿SABÍAS QUE...?

Actualmente, la vacunación contra la rabia no es obligatoria en todos los países. Sin embargo, algunas residencias caninas o cámpines la exigen. Por otra parte, si viajas con tu perro, puedes evitar inconvenientes de última hora al entrar en determinados países vacunándolo cada año. Si se declara un caso de rabia en el lugar donde resides a causa de un perro venido de un país extranjero, es mejor que tu mascota esté vacunada, por si acaso.

¿CUÁL ES EL BOTIQUÍN BÁSICO PARA MI PERRO?

Para hacer frente a los pequeños problemas que surgen en el día a día de tu perro, es importante tener siempre a mano un botiquín con lo mínimo necesario. De este modo, podrás llevártelo si te vas de fin de semana o de vacaciones con tu perro o si se lo confías a otra persona durante unos días.

En primer lugar, piensa en lo básico: su cartilla sanitaria, un cepillo o guante de goma para cepillarlo y eliminar el pelo muerto, un peine para desenredar los nudos en caso de que tenga el pelo largo, unas pinzas, un champú adecuado, pero también una solución limpiadora fisiológica neutra para los ojos y otra para los oídos.

En caso de herida y dependiendo de la gravedad, puedes realizar una primera intervención con compresas estériles, una venda que no se le pegue al pelo, una tira de gasa, tijeras de punta redonda (para cortar vendas o pelo alrededor de las heridas) y un antiséptico, como clorhexidina o povidona yodada. Tu veterinario también puede darte una crema limpiadora y cicatrizante, muy útil para las heridas superficiales.

Dispón siempre de uno o dos pares de guantes si debes tratar una herida que no tiene buen aspecto, para no correr el riesgo de infectarte.

A lo largo del año, deberás desparasitar y tratar regularmente a tu perro contra los parásitos externos, como son las garrapatas y pulgas. También deberías hacerte con un quitagarrapatas, un objeto que te permitirá eliminarlas sin riesgo de dejar la cabeza bajo la piel.

En caso de trastornos digestivos, puedes tener a mano un protector estomacal para perros.

Si alguna vez te surgen dudas sobre la salud de tu perro, considera la posibilidad de tomarle la temperatura con un termómetro rectal, con un poco de vaselina en la punta. La temperatura rectal de un perro es más alta que la nuestra: debe situarse entre los 37,5 y los 38,5 °C.

Recuerda también comprobar siempre la fecha de caducidad de los medicamentos.

UN CONSEJO

Nunca le des a tu perro tu propia medicación, ni siquiera un tratamiento que le haya recetado el veterinario en ocasiones anteriores. El paracetamol o el ibuprofeno son venenosos para el perro y nunca deben tomarlo, ni siquiera en pequeñas dosis: corres el riesgo de hacerle más daño que bien.

¿PUEDE TRANSMITIRME ENFERMEDADES?

Cuidar de tu mascota y atenderlo a diario es importante para su salud, pero también para la de tu familia. De hecho, algunas enfermedades infecciosas o parasitarias pueden transmitirse de perros a humanos, y a veces en sentido contrario: son las llamadas zoonosis.

La enfermedad más grave es la leptospirosis. Tu perro puede infectarse al bañarse en agua estancada contaminada por la orina de ratas, por ejemplo. Una vez infectado, el animal excretará bacterias en la orina, a través de las cuales puedes contraer la enfermedad. Si no se trata a tiempo, provoca daños hepáticos graves o incluso mortales. Para prevenir el riesgo de contraer la enfermedad, vacuna a tu perro contra la leptospirosis todos los años y utiliza siempre guantes cuando recojas o limpies sus excrementos.

La leishmaniosis y la enfermedad de Lyme también son zoonosis. Sin embargo, tu mascota no puede infectarte directamente. Se necesita un vector: el flebótomo, una especie de mosquito, en el caso de la leishmaniosis, y la garrapata para la enfermedad de Lyme. Para evitar que tu perro acabe siendo un reservorio potencial de estas enfermedades y represente un riesgo para tu salud, la prevención pasa por un tratamiento antiparasitario externo.

Algunos parásitos intestinales también pueden ser responsables de zoonosis, como las ascárides, causantes de la toxocariasis, y las tenias, causantes de la equinococosis. El perro expulsa los huevos de estos parásitos en sus heces y su entorno puede estar contaminado. La equinococosis es asintomática en los perros. En los humanos, sin embargo, el parásito se enquista en el hígado o incluso en los pulmones, con graves consecuencias para estos órganos. En el caso de la toxocariasis en humanos, el huevo ingerido se transforma en una larva que migra por el organismo y puede tener diversas repercusiones en función de su localización final (ojos, cerebro). Para prevenir el riesgo de contagio, desparasita regularmente a tu perro.

La tiña también es una enfermedad zoonótica. Se trata de un hongo cutáneo bastante contagioso. Si tu compañero la tiene, tendrás pocas posibilidades de escapar a ella. En los seres humanos, se manifiesta en forma de pequeñas manchas escamosas, bien delimitadas, a menudo redondas y con un contorno de color rojo. El tratamiento con un antifúngico toma tiempo, pero es necesario y eficaz.

La sarna sarcóptica es otra enfermedad de la piel que puede transmitirse de perros a humanos. En los perros, la enfermedad puede ser muy grave (picor, granos, costras, caída del pelo, etcétera), mientras que en los humanos el ácaro provoca síntomas más moderados que evolucionan hacia una recuperación natural. Los perros jóvenes, los de caza y los que viven con muchos más perros son los más afectados, pero no es muy frecuente.

Existen otras zoonosis más raras, como la pasteurelosis o la rickettsiosis. La rabia también es una zoonosis, sistemáticamente mortal en cuanto aparecen los síntomas.

Si vigilas la salud de tu perro, lo tratas regularmente contra diversos parásitos internos y externos y sigues las medidas de higiene habituales, reducirás al mínimo el riesgo de aparición de enfermedades zoonóticas.

UN CONSEJO

Los niños son los más expuestos a las zoonosis. Por ello, se recomienda encarecidamente concienciarlos lo antes posible sobre las normas básicas de higiene:

- no frotarse la cara con el animal;
- lavarse bien las manos después de cada contacto y, sobre todo, no meterse los dedos en la boca.

SE RASCA:
¿Y SI SON PULGAS?

Las pulgas son el principal parásito externo de los perros. Un perro con pulgas se rascará, se morderá y agitará la cola, con mayor o menor insistencia, dependiendo de la presión del parásito y de su propia sensibilidad. Otros síntomas pueden indicar una infestación por pulgas: pequeñas manchas rojas o costras en la piel. Tu perro también puede ser alérgico a las picaduras de pulga, más concretamente, a la saliva de estos insectos. En este caso (y basta una sola picadura para desencadenar la alergia), las manifestaciones clínicas son más serias. Puede haber pérdida de pelo, con la piel a veces muy enrojecida o incluso supurante, acompañada de fuertes picores, a menudo en la región dorsolumbar y en la base de la cola. Por desgracia, el efecto de las pulgas no se detiene ahí. Al acicalarse, tu perro también puede ingerir pulgas, que a su vez pueden albergar parásitos intestinales (como tenias) que lo infectarán.

Puede que hayas notado la presencia de pulgas en tu mascota de manera intermitente. Esto sucede porque solo acuden al animal para alimentarse; pasan el resto del tiempo en alfombras, moquetas o bajo el rodapié, donde se reproducen, ponen huevos y duermen. Se ha demostrado que, en caso de infestación por pulgas, el 5% se encuentra en el animal y el 95% en el entorno, en forma de huevos, larvas y pupas.

Examínale la piel a tu perro separando el pelo; aunque no veas pulgas, dejan señales de su presencia: sus excrementos. Son pequeños puntos negros, como granos de pimienta molida. Para no confundirlos con suciedad, aplasta unos cuantos entre dos hojas de papel de cocina humedecidas: si son pulgas, dejarán una marca roja, ya que son insectos hematófagos, esto es, se alimentan de la sangre de su huésped.

Si tu mascota tiene parásitos, trátala sin demora. Olvídate de champús, polvos, espumas antiparasitarias, como también de productos naturales que no son eficaces. Quienes trabajan en la clínica veterinaria donde sueles acudir podrán aconsejarte un insecticida eficaz, duradero y seguro (cuidado, porque algunos no están recomendados para los cachorros muy pequeños). Estos productos se presentan en forma de aerosoles que se aplican por todo el cuerpo, también en collares o pipetas para aplicar entre los pelos de la línea dorsal o incluso en comprimidos para ingerir. Es esencial tratar también el entorno, pues de lo contrario el tratamiento será ineficaz. Si no se neutralizan los huevos y larvas presentes en el suelo (que pueden resistir varios meses), continuarán su ciclo de desarrollo y se transformarán en pulgas adultas. Algunos productos que se aplican al animal pueden descontaminar el entorno a través del pelo.

A veces será necesario utilizar espráis insecticidas, aerosoles o productos fumigantes domésticos, siguiendo el protocolo de uso para que no sean perjudiciales para el animal. Eso sí, no te librarás de una limpieza a fondo de tu casa (incluyendo alfombras, moquetas, sofás, cortinas y la cesta del perro). No olvides deshacerte de la bolsa de la aspiradora para que no se convierta en una incubadora de huevos de pulga.

Por último, siempre debe utilizarse un antihelmíntico para evitar el riesgo de que se desarrolle al mismo tiempo una tenia.

Definitivamente, el tratamiento antipulgas no debe tomarse a la ligera, o es posible que nunca te llegues a deshacer del problema. Una pulga adulta pone cincuenta huevos al día, así que imagínate si no haces nada.

UN CONSEJO

El método más eficaz es la prevención. Durante mucho tiempo se pensó que un tratamiento externo de control de plagas de primavera a otoño era suficiente, ya que las pulgas se desarrollan principalmente en estas estaciones. Pero en nuestras casas calefactadas, lo mejor es mantener siempre la guardia contra las pulgas y tratarlas durante todo el año.

TIENE GARRAPATAS:
¿ES GRAVE?

Te gusta pasear por el campo con tu perro, pero siempre tienes miedo de que atrape garrapatas. Tu temor es fundado, porque son peligrosas. Afortunadamente, existen medios de prevención eficaces.

La garrapata es un tipo de ácaro que vive en la hierba alta y necesita un huésped para alimentarse; es decir, es un parásito. Se adhiere a un lugar del cuerpo donde la piel es fina (cabeza, orejas, piernas) y donde puede acceder fácilmente a un pequeño vaso sanguíneo para alimentarse. Permanece en el lugar durante varios días antes de desprenderse de forma natural y continuar su ciclo de desarrollo en el medio ambiente.

Ya sea en el bosque, en la maleza, en caminos en el campo o incluso a veces en tu propio jardín o en las mismas guarderías caninas, tu perro estará expuesto a las garrapatas.

El principal riesgo es la transmisión de enfermedades, ya que las garrapatas son portadoras de agentes infecciosos que inoculan a su huésped durante su ingesta de sangre.

Una garrapata puede transmitir al perro la piroplasmosis, la enfermedad de Lyme, la erliquiosis y la anaplasmosis.

Al volver de un paseo, tómate tu tiempo para examinar bien a tu perro. Cuando una garrapata acaba de adherirse y aún no ha ingerido sangre, es muy pequeña. También puede confundirse con un bultito. Si detectas una, debes extraerla con un instrumento adecuado, una pinza para arrancar garrapatas que puedes comprar en tiendas de animales o en tu veterinario. Es la técnica más eficaz para no dejar la cabeza bajo la piel de tu mascota y evitar el riesgo de que se forme un quiste o absceso en el lugar de la picadura, o de transmisión de agentes infecciosos que permanecen en las glándulas salivales de la garrapata. No utilices éter ni alcohol para sedar a la garrapata antes de extraerla, ya que esto la hace salivar y aumenta el riesgo de transmisión de agentes infecciosos. Retírala lo antes posible: la inoculación de agentes infecciosos responsables de enfermedades graves tiene lugar cuarenta y ocho horas después de que la garrapata haya empezado a alimentarse. Desinfecta la zona de la picadura con un antiséptico y vigila el estado de salud de tu perro en los días siguientes.

La prevención es el método más eficaz. En muchos casos, los antiparasitarios externos ofrecen una combinación de acción eficaz contra pulgas y garrapatas. Puedes encontrarlos en forma de pipetas, espráis, collares o comprimidos en tu veterinario.

¿SABÍAS QUE...?

La piroplasmosis es la enfermedad transmitida por garrapatas más común, causada por un parásito de la familia de los protozoos. El agente infeccioso se aloja en los glóbulos rojos y provoca su rotura. Los síntomas, que aparecen unas dos semanas después de la infección, son debilidad, pérdida de apetito, mucosas muy pálidas y coloración pardusca de la orina. A menudo se asocia a fiebre alta.

Se trata de una enfermedad grave. Una atención veterinaria rápida es la clave de la recuperación, antes de que se produzcan daños irreversibles en el hígado o los riñones.

Existe una molécula muy eficaz para eliminar el parásito. El tratamiento consiste en una única inyección. Sin embargo, según el estado de salud del perro, puede ser necesaria una estancia en la clínica.

Existe una vacuna contra la piroplasmosis, especialmente recomendada para los perros que viven en el campo o pasean a menudo por el bosque. En cambio, no será tan necesaria para un perro que viva en un piso y no salga del entorno urbano.

¿SON PELIGROSOS LOS MOSQUITOS PARA MI PERRO?

Vives en una región con mosquitos o planeas ir allí de vacaciones con tu perro y tu veterinario te aconseja protegerlo de esos molestos insectos.

Las picaduras de mosquito son tan desagradables para tu mascota como para ti y provocan los mismos síntomas: una roncha, enrojecimiento y picor. Además de las picaduras, los mosquitos pueden transmitir enfermedades graves como la leishmaniosis y la enfermedad del gusano del corazón.

La leishmaniosis la causa un protozoo que se encuentra en el tubo digestivo de un tipo de mosquito, el flebótomo, que puede inocularse en el perro durante la ingesta de sangre del insecto volador.

El periodo de incubación de la enfermedad varía de unos meses a varios años y a veces no llega a presentar síntoma alguno. Según los órganos afectados, se distingue entre la forma cutánea de la leishmaniasis y la forma visceral. Aunque el cuadro clínico puede ser poco preciso (diarrea, vómitos, fatiga), algunos síntomas son muy significativos: engrosamiento de las almohadillas o del morro, alargamiento de las garras, aparición de nódulos en la piel, pérdida de pelo alrededor de los ojos, hipertrofia de los ganglios linfáticos, adelgazamiento excesivo y

atrofia muscular. Serán necesarios varios exámenes complementarios para establecer un diagnóstico: análisis de sangre y
orina, pero también a veces biopsias de piel o de ganglios linfáticos.

Esta grave enfermedad crónica progresa lentamente, pero,
cuando la función renal se ve afectada, el pronóstico es malo.
El tratamiento será sintomático y se centrará en mantener a tu
mascota sana para que la enfermedad no se apodere de ella demasiado rápido.

En cualquier caso, la prevención es esencial. Si viajas a una
región con mosquitos (cada vez se observa que el flebótomo va
ganando terreno en zonas tradicionalmente más frías), es indispensable un tratamiento antiparasitario externo contra este insecto. También hay que evitar sacar al perro al atardecer y al
amanecer, las horas en que los flebótomos son más agresivos.
Desde 2011, existe una vacuna contra la leishmaniosis, recomendada para los perros que viven todo el año en regiones de
alto riesgo. No es eficaz al cien por cien, pero combinándola
con un repelente tu perro tendrá una protección óptima.

Otra enfermedad parasitaria que transmite también un mosquito presente en la región mediterránea es la enfermedad del
gusano del corazón. Al picar, el mosquito inocula una larva de
nematodo, un tipo de lombriz diminuta. De adulto, este gusano
(a veces varios) se instala en las grandes arterias pulmonares
que salen del corazón, pero también en el propio corazón. Los
síntomas asociados a la enfermedad del gusano del corazón
son, en primer lugar, la aparición de una tos crónica, intolerancia al esfuerzo y dificultades respiratorias que pueden desem-
bocar en una insuficiencia cardiaca. El diagnóstico puede realizarse mediante un análisis de sangre y una ecografía. El
tratamiento, delicado y no exento de riesgos, tiene como objetivo eliminar los gusanos adultos presentes en el organismo del
perro. Tu veterinario propondrá las soluciones más adecuadas.

El repelente de mosquitos y la desparasitación frecuente son algunas de las medidas preventivas más eficaces.

Por último, la dirofilariosis sigue siendo una enfermedad bastante rara.

¿SABÍAS QUE...?

La leishmaniosis es una zoonosis, pero es extremadamente rara en humanos. Si tu perro la tiene, no puede infectarte directamente, sino solo a través de un mosquito. Así que protégete de estos insectos y evita tener agua estancada cerca de tu casa.

MI PERRO TIENE LOMBRICES INTESTINALES

A lo largo de su vida, no hay duda de que tu perro se infectará con parásitos intestinales. Existen dos clases de lombrices: las planas y las redondas.

La más común del primer tipo es el platelminto *Dipylidium caninum*, conocido como tenia del perro. Es una sola lombriz que se instala en el tubo digestivo; se adhiere a la pared intestinal, puede medir hasta 50 cm de largo y se divide en múltiples segmentos pequeños (como granos de arroz) que pueden verse en las heces o adheridos al pelo alrededor del ano. Los perros se infectan al lamer e ingerir pulgas portadoras de este gusano. Pueden encontrarse otros tipos de tenias en el tracto digestivo de los perros si cazan o comen conejos, roedores o pájaros muertos mientras pasean, como la teniasis parasitaria y la equinococosis (esta última es una enfermedad que puede transmitirse a los humanos).

Por su parte, la lombriz redonda más común es el ascáride. Estos gusanos miden de 4 a 5 cm de largo, viven en el intestino delgado en decenas de bolas y liberan sus huevos (pero también gusanos adultos parecidos a pequeños fideos) en las heces. Es un parásito bastante común en los cachorros, que pueden ser infectados por sus madres a través de la leche. El perro adulto puede infestarse al ingerir las larvas en su entorno. Menos frecuente, el anquilostoma es otro ascáride que también puede infectar al perro.

En todos los casos, un perro con lombrices intestinales presentará problemas digestivos (diarrea o estreñimiento, vómitos), pérdida de peso, falta de apetito y un pelaje deslucido y enmarañado. Es importante saber que las lombrices roban al animal sus nutrientes y vitaminas. Los perros afectados se vuelven más susceptibles a otras infecciones porque su sistema inmunitario es menos eficaz. Los cachorros con una infestación masiva de ascárides se hinchan, muestran debilidad, crecimiento insuficiente e incluso pueden morir.

Otro síntoma que puede indicar la presencia de parásitos intestinales es el «signo del trineo». El perro se sienta y avanza rascándose el trasero contra el suelo, ya que los gusanos pueden causar irritación del ano. El signo del trineo también puede deberse a una infección, inflamación u obstrucción de las glándulas anales.

Para tratar a un animal con parásitos, solo hay una solución sencilla y eficaz: la desparasitación.

Tu veterinario le recetará un antihelmíntico adecuado para la edad y el peso de tu mascota, así como para el tipo de gusanos que pueda encontrar. No obstante, hoy en día muchos antihelmínticos son de amplio espectro, es decir, eliminan los dos tipos de lombrices.

La prevención es esencial, no solo para garantizar la buena salud de tu mascota, sino también para protegerte a ti mismo, ya que existe un riesgo real de transmisión.

Sin embargo, el antihelmíntico no protege al perro a lo largo del tiempo: actúa sobre las lombrices intestinales que están presentes en ese momento, que pueden no estar causando aún ningún síntoma. Si dos semanas después tu perro vuelve a estar infectado, el antihelmíntico ya no será eficaz. Por este motivo, desparasita a tu perro varias veces al año, según la afección. La recomendación actual es hacerlo cuatro veces al año.

Si tienes niños pequeños en casa, tratar a tu perro contra los parásitos internos cada mes es la única forma de reducir realmente el riesgo. Y, si tu fiel amigo tiene pulgas, desparasítalo sistemáticamente para prevenir la transmisión de la tenia canina.

En el caso de los cachorros, que son más propensos a infectarse de sus madres, el protocolo de desparasitación puede iniciarse a partir del mes y repetirse una vez al mes hasta que tengan seis meses.

¿SABÍAS QUE...?

Los antiparasitarios están disponibles en el mercado en forma de pasta oral, comprimidos, que suelen ser palatables, o incluso en pipetas para aplicar sobre la piel, entre los omóplatos. Algunas presentaciones tratan tanto los parásitos internos como los externos.

SE RASCA:
¿SERÁ ALÉRGICO?

Los problemas de la piel son uno de los motivos más frecuentes de consulta en una clínica veterinaria. Muy a menudo, la principal causa es la presencia de parásitos externos, como pulgas o chinches. Sin embargo, el veterinario también puede diagnosticar otro bastante habitual: las alergias.

Los perros también sufren alergias, cuyas manifestaciones suelen ser cutáneas: picor, lamido de las patas, manchas sin pelo en algunos lugares, aparición de pequeños granos, piel enrojecida e irritada entre las almohadillas o en el abdomen, sobreinfecciones.

Si la aparición de los síntomas es repentina, es probable que la alergia se deba a un producto nuevo que hayas aplicado dentro de casa o para quitar las malas hierbas, por ejemplo. Los champús, antihistamínicos e incluso corticoides recetados por tu veterinario aliviarán a tu mascota de esta crisis temporal y solo tendrás que evitar utilizar el producto que haya causado el problema en el futuro.

Sin embargo, las manifestaciones de una alergia suelen aparecer de forma más gradual, entre el año y los seis años. El paso más difícil es identificar las causas de la alergia, que pueden ser muchas. Para afinar el diagnóstico, tu veterinario tendrá en cuenta parámetros como el tiempo que llevan presentes los síntomas, la edad del animal, la posible estacionalidad y la raza.

Más del 60% de las alergias en perros están causadas por picaduras de pulgas o, más exactamente, por su saliva. Aunque tu perro no presente signos de infestación por pulgas, basta una sola picadura para desencadenar una reacción alérgica.

Si se descarta la dermatitis por picadura de pulga, el veterinario diagnosticará alergia alimentaria, ya que los síntomas no son necesariamente digestivos. Los principales alérgenos alimentarios son la carne de vacuno o de pollo, los productos lácteos, el trigo y el maíz. Al pasar a un alimento hipoalergénico especialmente formulado, el estado de tu perro puede mejorar notablemente en dos o tres meses si se cumple estrictamente la dieta: no se deben dar al perro sobras de la mesa ni otros restos, ya que podrían invalidar los efectos de la dieta.

Si ni las pulgas ni los alimentos son los culpables, hay que pensar en una alergia ambiental: ácaros del polvo, polen, plantas. Se realizará un análisis de sangre o pruebas cutáneas (administración de cantidades muy pequeñas de diferentes alérgenos en la dermis para evaluar la presencia o ausencia de una reacción inflamatoria) para detectar el alérgeno responsable. Una vez identificado, es posible desensibilizar al animal, pero este proceso lleva tiempo, es caro y no es eficaz al cien por cien.

En algunos perros, la alergia es multifactorial: tienen un umbral de sensibilidad muy bajo a muchos alérgenos. Esta enfermedad se denomina atopia. Los signos clínicos son los de la alergia, pero aún más marcados: prurito, otitis, piel enrojecida y engrosada en las axilas o en los pliegues de las patas traseras, labios y ojos inflamados. La dermatitis atópica es una enfermedad genética que se da principalmente en las siguientes razas: westie, chihuahua, yorkshire, labrador, pastor alemán, bulldog francés o bichón. Como una enfermedad crónica y compleja, la atopia puede controlarse con mayor o menor éxito aplicando diferentes medidas que deberá decidir tu veterinario: desensibilización, tratamientos para controlar las crisis a base de antihistamínicos o corticoides, u otros tratamientos a largo plazo.

UN CONSEJO

También puedes aliviar a un perro alérgico o atópico con baños regulares con champús adaptados a su piel: calman la irritación, limpian la piel del polen y el polvo, y refuerzan la película lipídica cutánea para que actúe como barrera protectora frente a los alérgenos externos.

¿CÓMO PUEDO EVITAR QUE TENGA MAL ALIENTO?

Cuando un perro tiene mal aliento, se habla de halitosis. El olor puede ser desagradable, sobre todo si tienes al animal en el regazo o si a tu perro, especialmente si es grande, le da por lamerte las manos o incluso la cara.

El mal aliento crónico no está causado por lo que come el animal, sino por la formación de sarro. Al igual que en los humanos, el sarro se acumula en los dientes con el paso de los años. Las bacterias de la cavidad bucal se depositan en la superficie de los dientes para formar la placa. Debido al alto contenido en calcio de la saliva del perro, la placa se mineraliza y forma sarro. Este, a su vez, se convierte en un soporte para el crecimiento de bacterias. Aparece entonces un círculo vicioso. Los microorganismos se alimentan de las partículas de comida presentes en la boca del perro y su degradación libera toxinas responsables de un olor muy desagradable: esta es la explicación del mal aliento de tu perro.

¿Qué se puede hacer para combatirlo?

Para eliminar el sarro es necesaria una solución: el raspado, que ha de realizar un veterinario bajo anestesia general para que el animal no se mueva. Los perros pequeños son los más propensos al sarro y a veces, a partir de los tres o cuatro años, es necesario someterlos a esta operación.

Para frenar la formación de sarro y combatir el mal aliento, es aconsejable combinar la acción mecánica y la química.

Para ello, cepíllale los dientes a tu perro al menos tres veces por semana, utilizando una pasta dentífrica adecuada (de sabor a carne, sin flúor ni xilitol), un cepillo de dientes o un dedal para tal fin. Cuanto más joven se acostumbre tu perro, más fácil te resultará. No es necesario abrirle la boca; puedes frotarle los dientes simplemente levantándole los labios.

Para su higiene dental son preferibles los alimentos secos, como el pienso, ya que la masticación proporciona una acción mecánica natural que limita la acumulación de placa.

Por último, algunos productos contienen complejos enzimáticos y antisépticos para combatir el sarro. Se presentan en forma de barritas o tiras masticables, de soluciones para pulverizar sobre los dientes o para mezclar con bebidas, o de polvo para añadir a los alimentos.

¿SABÍAS QUE...?

Además del mal aliento, el sarro y la placa pueden tener graves consecuencias para la salud de tu perro:
- enfermedad periodontal con gingivitis y pérdida de las piezas dentales;
- riesgo de migración de bacterias a otros órganos, como el corazón, el hígado o los pulmones, entre otros.

¿POR QUÉ RONCA?

Tanto si duerme contigo como si no, habrás notado que tu perro ronca. Esto no suele ocurrir de la noche a la mañana, sino que es algo que probablemente lleve ocurriendo desde que llegó o que ha ido aumentando poco a poco.

El ronquido es casi sistemático en ciertas razas de perros de cara achatada. Se trata de animales de hocico corto, como el bulldog o bulldog inglés, el bulldog francés, el carlino, el pekinés, el bóxer y el shih tzu. Esta característica va acompañada de otros cambios anatómicos que no carecen de consecuencias. Por ejemplo, el paladar blando, situado en la parte posterior, es anormalmente largo en comparación con la cavidad oral. Además, la laringe puede colapsarse, las fosas nasales estrecharse y la lengua engrosarse. Solas o combinadas, estas anomalías obstruyen el paso del aire y son, por tanto, responsables de los ronquidos en estas razas. Pero las repercusiones sobre su salud pueden ir más allá de una mera molestia sonora: en este caso, hablamos del síndrome obstructivo de los perros braquicéfalos —los de rostro achatado—. El perro no tolera el calor ni el menor esfuerzo, a menudo jadea con la lengua de lado, respira deprisa, tose e incluso puede tener dificultades para comer (da la impresión de atragantarse durante las comidas). Los síntomas pueden llegar a ser preocupantes cuando el perro ha completado su crecimiento, en torno al año de edad.

Durante un minucioso examen clínico y una posible laringoscopia bajo sedación, tu veterinario juzgará si el estado de tu mascota es normal, debido a que es de una raza con rostro achatado, o si se trata de un verdadero síndrome obstructivo.

Es posible corregir quirúrgicamente estas anomalías anatómicas para facilitar el paso del aire y evitar el riesgo de que tu fiel compañero se atragante, experimente dificultades respiratorias excesivas o simplemente para mejorar su calidad de vida. La operación consiste en acortar el paladar blando con láser, con la posibilidad de ensanchar los orificios nasales. En el caso de los perros de rostro achatado, hay que procurar que no engorden mucho (el exceso de peso agrava las dificultades respiratorias), evitar que realicen demasiado ejercicio físico, estar atentos en los días calurosos y utilizar un arnés en lugar de un collar.

El ronquido suele ser común en los perros obesos o con sobrepeso, pero también puede ser signo de una alergia (a distintos tipos de polen, ácaros del polvo), de la exposición a un ambiente irritante (humo de cigarrillo) o de patologías más graves (tumores, parálisis laríngea en el labrador o el golden retriever anciano, presencia de un cuerpo extraño). Colocando una pequeña almohada en la cesta de tu perro, este podrá apoyar la cabeza sobre ella; así, levantada, tendrá las vías respiratorias más despejadas.

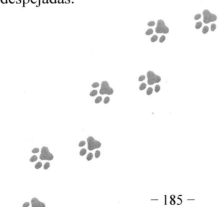

¿SABÍAS QUE...?

Durante mucho tiempo, la selección del bulldog inglés, bulldog francés y carlino se basó en criterios estéticos extremos: los perros con la cara más plana eran considerados los ejemplares más bellos. Se trataba de una elección minuciosa del hipertipo, con las anomalías anatómicas correspondientes. Hoy en día, a la vista de todos los problemas de salud que sufren estas razas, los criadores empiezan a dar marcha atrás y los estándares se han flexibilizado, lo que es una buena noticia para este tipo de perros. ¡La selección genética no siempre es sensata!

¿TIENEN LOS PERROS LOS OJOS DELICADOS?

El ojo es un órgano sensible. Por tanto, los perros pueden sufrir diversos problemas oculares de distinta gravedad.

Si tu perro tiene los ojos enrojecidos y le pican, puede que simplemente sufra conjuntivitis: alergias, corrientes de aire, aire acondicionado del coche, polvo, etcétera, son algunas de las causas más comunes. En casa, empieza por lavarle los ojos con suero fisiológico para proporcionarle un alivio temporal y eliminar las impurezas que puedan estar irritándoselos. Si la inflamación persiste, el veterinario le recetará un tratamiento con colirios (antibióticos, antiinflamatorios).

La conjuntivitis crónica en perros es el resultado de un defecto en la producción de lágrimas; se denomina queratoconjuntivitis seca. Esta enfermedad autoinmune conduce a una destrucción progresiva de la glándula lagrimal. Si se trata a tiempo, la aplicación diaria de un colirio adecuado y de lágrimas artificiales puede frenar su desarrollo. Algunas razas están más expuestas a este problema: carlino, westie, shih tzu, cocker, cavalier king charles...

Si tu perro tiene un ojo rojo y lloroso que mantiene cerrado, es posible que tenga una úlcera. Se trata de una lesión profunda de la córnea con pérdida de material. La úlcera suele ser traumática: tras una pelea, un arañazo de gato, un cuerpo extraño clavado bajo el tercer párpado (grano de arena, espiguilla), o incluso tras un paseo por hierba alta que pueda haber herido a tu mascota. Los perros con ojos saltones (carlino, pequinés, bulldog...) corren mayor riesgo, ya que el ojo está menos protegido por los párpados. La úlcera es una afección dolorosa que debe tratarse rápidamente para que la córnea cicatrice sin secuelas. No intentes aliviar a tu mascota con un colirio que tengas en casa: si contiene corticoides, agravarás la lesión.

El tratamiento local de las úlceras es bastante tedioso (administración frecuente de varios productos), pero garantiza una curación rápida. En algunos casos, tu veterinario se verá obligado a intervenir quirúrgicamente si el tratamiento no ayuda.

Algunas razas de perros (bichón, yorkshire, caniche, bulldog) suelen tener los ojos llorosos. Cuando el animal es de pelaje claro, el pelo bajo los ángulos internos de los ojos adquiere un tinte marrón que no suele gustar a los propietarios. Hay varias causas posibles: una producción excesiva de lágrimas, una forma particular del ojo o una obstrucción de los conductos lagrimales. Tu veterinario puede considerar aplicar medicación en la zona o incluso la cirugía para eliminar la obstrucción. Para devolver el pelo blanco a su color original, limpia los alrededores del hocico dos veces al día con una solución adecuada.

Las cataratas son una enfermedad ocular frecuente en los perros. Se trata de una pérdida de transparencia del cristalino: este se vuelve opaco y adquiere un tinte blanquecino. Esto va acompañado de una pérdida progresiva de visión, que puede conducir a la ceguera si no se trata. Las cataratas no solo se producen por el envejecimiento del animal. Puede ser concomitante con otra enfermedad (diabetes), pero sobre todo es hereditaria en determinadas razas de perros: labrador, golden retriever, husky, caniche toy, cocker spaniel americano y boston terrier.

Si tu mascota padece cataratas y no existe ninguna contraindicación médica, tu veterinario puede operarla. La cirugía consiste en extraer el cristalino defectuoso y sustituirlo por una lente artificial. Esta operación es muy eficaz y permite a los perros recuperar la vista; tras la operación, deben aplicarse gotas oftálmicas a diario durante dos meses.

En los perros existen muchas otras enfermedades oculares (glaucoma, uveítis...) o de los párpados (entropión y ectropión, que son defectos de los párpados, que se giran hacia dentro o hacia fuera, respectivamente). A veces, el daño ocular puede ser signo de una enfermedad subyacente más grave: tumor, enfermedad metabólica, problema neurológico...

UN CONSEJO

Aunque tu perro no sea de una raza que requiera una limpieza ocular periódica (como los perros de ojos saltones), dedica cinco minutos cada semana desde pequeño a lavarle los ojos con una solución salina. Esto ayudará a que el animal se acostumbre al procedimiento.

Ten muy presente que los colirios abiertos rara vez duran más de quince días.

¿QUÉ DEBO HACER SI TOSE O ESTORNUDA CON FRECUENCIA?

Si tu perro tose y estornuda con frecuencia, debes saber que puede que esté resfriado, o incluso que tenga una especie de gripe. Sin embargo, no hay riesgo de contagio entre tú y tu perro o viceversa, pues estos virus son específicos de cada especie.

Sin embargo, la tos y los estornudos pueden ser síntomas de muchas otras enfermedades de diversa gravedad, dependiendo de cuánto tiempo hace que se empezaron a manifestar, con qué frecuencia ocurren, si se dan a la vez y la edad del perro. Tu perro puede haber contraído la tos de las perreras. Como su nombre indica, esta enfermedad se da en lugares con gran concentración de perros (por ejemplo, refugios, parques caninos, perreras o residencias caninas). La tos, debida a la infección de la tráquea, es bastante característica: el animal parece tener algo atascado en la parte posterior de la garganta. La vacunación anual protege contra uno de los agentes causantes de esta enfermedad, el virus de la parainfluenza. Pero la tos de las perreras también puede estar causada por otro agente, la bacteria *Bordetella bronchiseptica*. También existe una vacuna para combatirla y que se administra por vía intranasal, lo que resulta recomendable si dejas a tu perro en una residencia canina durante las vacaciones. En caso de resfriado o tos de las perreras,

mantén a tu mascota abrigada, procura que descanse y comprueba que está hidratada; su estado debería mejorar rápidamente. Si no es así, no le des a tu mascota ningún medicamento tuyo, ya que podría ser tóxico, y consulta con tu veterinario.

Los perros de razas pequeñas (yorkshire, chihuahua, bichón) pueden tener tos crónica debido a un colapso traqueal. Se trata de una debilidad de los anillos cartilaginosos que rodean la tráquea: tienden a ceder y reducen el paso del aire. Tu perro puede aliviarse episódicamente con corticosteroides, broncodilatadores o condroprotectores, que aumentarán el tono del cartílago traqueal. Pero, para no agravar el colapso de la tráquea, es importante que no aumente de peso y es mejor usar un arnés en lugar de un collar.

La tos también puede ser síntoma de una enfermedad más grave, como neumonía, cáncer o incluso metástasis pulmonar o insuficiencia cardiaca. En este último caso, el corazón se agranda a medida que avanza la enfermedad y comprime la tráquea, dificultando la inspiración y la espiración. Cuando la tos aparece en un perro mayor y va acompañada de un empeoramiento del estado general, intolerancia al ejercicio y pérdida de apetito, es necesario que lo vea el veterinario.

La aparición repentina de ataques de estornudos tras un paseo por el campo puede deberse a la presencia de un cuerpo extraño en las fosas nasales, que a menudo es una espiguilla. Se trata de las espigas de las plantas herbáceas que se secan, endurecen y caen de la planta en verano. Al olisquear el suelo, tu perro puede inhalarlas: la espiguilla se aloja entonces en las fosas nasales. Los síntomas son muy evidentes y los estornudos pueden ir acompañados de hemorragias. La espiguilla, debido a su forma, rara vez se evacúa de forma natural y tu veterinario será el único capaz de extraerla, administrándole al animal un tranquilizante.

¿SABÍAS QUE...?

Las espiguillas pueden alojarse en una fosa nasal, pero también en un conducto auditivo, en la vulva, en el escroto o bajo el tercer párpado, e incluso pueden perforar la piel entre los dedos y crear abscesos. Se trata de un verdadero peligro en verano. Cuando vuelvas de un paseo por el campo, examina atentamente el pelaje de tu perro, sobre todo si tiene el pelo largo, mírale entre las almohadillas y retira las pequeñas partes de plantas que parezcan inofensivas, pero que podrían herirle.

¿QUÉ DEBO HACER SI VOMITA O TIENE DIARREA?

A lo largo de la vida de tu perro, no podrás evitar episodios de diarrea o vómitos. Son muchas las causas de estos síntomas, que pueden ser más o menos graves.

En la mayoría de los casos, en la alimentación está el origen de los trastornos digestivos.

Esto se debe a que el tracto digestivo de tu mascota tiene capacidades diferentes a las tuyas: la flora digestiva de los perros es mucho más selectiva y tiene dificultades para adaptarse a los cambios de alimentación. Puede que a tu mascota le apetezca mucho una salchicha que se ha caído mientras hacían una barbacoa, por ejemplo, pero su proceso digestivo puede verse sometido a un esfuerzo anormal. El estómago segregará más jugos gástricos para digerir la salchicha y esta acidez puede irritarle las paredes estomacales e intestinales, provocando diarrea y vómitos. Así pues, cuando tengas que cambiarle la dieta a tu perro (a pienso bajo en calorías, por ejemplo, o al recomendado para un animal de edad avanzada), siempre será necesario realizar una transición lenta, durante un periodo aproximado de dos semanas: cada día, deberás mezclar el alimento anterior con el nuevo, aumentando la proporción de este último de manera gradual. Por las mismas razones, no intentes complacer a tu mascota dándole restos de comida.

Tu perro también puede sufrir una intoxicación alimentaria: es habitual en animales con el hábito de comer cualquier cosa que esté a su alcance, incluso lo que no es bueno para ellos, como chocolate o comida en mal estado, cuando salen a pasear.

A veces, los veterinarios también ven brotes de gastroenteritis. En este caso, el virus no suele ser muy agresivo, pero sí muy contagioso, y los perros del mismo barrio o que pasean por el mismo parque se infectan unos a otros olisqueando los excrementos. La posibilidad de contagio de un virus más agresivo sigue existiendo, pero, gracias a la vacunación generalizada contra el parvovirus, la hepatitis de Rubarth y el moquillo, este riesgo es muy limitado. Hay que prestar atención a la leptospirosis, que también puede provocar vómitos y diarrea. Cuando aparecen los vómitos, puede sospecharse de un síndrome oclusivo, debido a un cuerpo extraño que haya podido tragar el perro, si es joven, o a un proceso tumoral en el estómago o los intestinos, en el caso de un perro mayor.

Por último, se ha de mencionar el caso del síndrome de dilatación-torsión del estómago: se manifiesta de manera abrupta en un perro de raza grande, con un tórax profundo, por intentos muy enérgicos pero infructuosos de vomitar y una hinchazón del abdomen. Se trata de una urgencia potencialmente mortal.

Los síntomas digestivos crónicos pueden ser indicativos de muchas enfermedades metabólicas: insuficiencia renal, hepatitis, pancreatitis, diabetes... Si tu perro tiene problemas digestivos, lo primero que debes hacer es ponerlo a dieta durante veinticuatro horas. Cuando desaparezcan los síntomas, dale agua y una pequeña cantidad de su comida habitual. Si no hay mejoría a pesar del ayuno, no esperes más de cuarenta y ocho horas para consultar con el veterinario.

En función de la causa, el veterinario se limitará a un tratamiento sintomático (antidiarreico, antiemético, antiácido, vendaje gástrico o intestinal, modificación de la dieta), procederá eventualmente a exámenes complementarios (análisis de sangre, radiografía, ecografía, endoscopia) o podrá optar por ingresar al animal si considera que su estado es grave.

En cualquier caso, no decidas medicarlo: un antivomitivo administrado a un animal que se ha tragado un cuerpo extraño sería muy perjudicial.

UN CONSEJO

Si un cachorro, un perro mayor o un perro pequeño (chihuahua, yorkshire) tiene vómitos y diarrea, presta atención, ya que estos animales no tienen muchas reservas y se deshidratan rápidamente. La pérdida asociada de electrolitos (sodio, potasio, cloro) puede poner en peligro su vida y el animal podría entrar en shock.

¿POR QUÉ COJEA
MI PERRO?

Vivan en el campo o en un entorno urbano, sean jóvenes o viejos, los perros son animales activos y rara vez se libran de problemas locomotores a lo largo de su vida.

Si tu perro cojea, esto debería alertarte, ya que lo que está haciendo el animal es aliviar una extremidad dolorida desplazando su peso a las otras tres. El dolor puede deberse a diversos factores, de menor a mayor importancia.

Si la cojera ha aparecido repentinamente, por ejemplo, después de un paseo, debes comprobar el estado de sus almohadillas. Puede que se haya clavado una espina, se haya herido una almohadilla con un trozo de cristal, se haya desgarrado una garra o le haya picado un insecto. Dependiendo de lo que encuentres, limpia, desinfecta y protege para evitar que tu mascota se lama y empeore la lesión.

Si no notas nada en las almohadillas, palpa suavemente la extremidad mientras la mueves hacia arriba para identificar cualquier dolor tendinoso, muscular o articular. Actúa con suavidad para no provocar una reacción fuerte y correr el riesgo de que te muerda. Si tu perro tiene una fractura ósea (por una caída o una colisión con un vehículo), no solo notarás una deformidad en la extremidad, sino que, lo que es más importante, debido al dolor no pondrá la pata en el suelo en absoluto.

Tu mascota también puede haber sufrido un traumatismo al realizar un esfuerzo físico, al igual que los deportistas. Las contracturas, tendinitis, esguinces y desgarros musculares provocan dolor y la aparición de una cojera. La primera medida que se ha de tomar es dejarlo en reposo, es decir, sin acceso al jardín, con paseos únicamente para que haga sus necesidades, evitando saltos y movimientos violentos para que los tejidos afectados curen. No improvises vendajes ni sujeciones. Si, al cabo de unos días no hay mejoría, pide cita con el veterinario.

Los perros grandes, especialmente los rottweilers y los labradores, son propensos a la rotura de los ligamentos cruzados de la rodilla al hacer un esfuerzo físico intenso. También es una causa de aparición repentina de cojera, que solo puede curarse con cirugía.

Pero tu perro también puede sufrir una cojera progresiva que puede pasar casi desapercibida al principio y volverse crónica o intermitente en una o más extremidades.

Así es como empieza la artrosis en un perro mayor o de una raza de riesgo (terranova, labrador, boyero de Berna). Según el día, el tiempo meteorológico o la actividad física, tu perro tendrá más o menos dificultades para moverse o sufrirá dolores articulares.

Otras patologías musculoesqueléticas pueden causar problemas de locomoción: artritis, osteocondrosis, tumores óseos. Solo un examen locomotor completo con radiografías, o incluso otros exámenes de imagen más avanzados, le permitirán a tu veterinario hacer un diagnóstico preciso y establecer un tratamiento adaptado.

Los perros de razas pequeñas (yorkshire, westie, cairn, jack russell) son más propensos a la luxación de la rótula, un pequeño hueso que se aloja en la articulación de la rodilla. A veces, la rótula no se mantiene y se sale de su sitio durante la flexión o la extensión. Es el caso de un perro que, durante un paseo, de repente empieza a andar a tres patas antes de recuperar la marcha normal (una vez que la rótula ha vuelto a su sitio). Habla con tu veterinario: en función de la gravedad de la luxación (que puede dar lugar a que el animal sufra artrosis más adelante), puede ser necesario un tratamiento quirúrgico.

Más raro, pero más grave, es si tu perro tiene dificultades para moverse por causa de un daño neurológico. Algunas razas (perro salchicha, bulldog francés, carlino, basset hound) son propensas a las hernias discales, que no afectan necesariamente solo a los perros mayores. Las causa un desplazamiento de los discos intervertebrales que comprimen la médula espinal. Una hernia discal provoca la pérdida parcial o total de la motricidad de las extremidades posteriores. Cuando se palpa la columna vertebral, el animal puede mostrar dolor en el lugar de la hernia. Cuando la compresión de la médula espinal es grave, se añade incontinencia urinaria o fecal y una pérdida total de sensibilidad (incluso al dolor) de las patas traseras. La médula espinal no se regenera durante la compresión, por lo que cada hora importa: se trata de una urgencia absoluta. En la mayoría de los casos, el tratamiento será quirúrgico y el pronóstico variará en función de la gravedad inicial de la hernia y de las medidas de reposo y de rehabilitación en el posoperatorio.

¿SABÍAS QUE...?

Radiografías, ecografías, artroscopias, punciones articulares, biopsias, TAC, resonancias magnéticas: estos exámenes complementarios avanzados son a veces necesarios para establecer un diagnóstico. Si tu veterinario no dispone de estos equipos avanzados, puede remitirte a una clínica veterinaria especializada que sí los tenga.

¿PUEDE SUFRIR UN DESEQUILIBRIO HORMONAL?

Aumento de peso, más sed, cambios en los hábitos del perro: a veces, cuando estos síntomas, todos ellos frustrantes, se afianzan durante un largo periodo de tiempo, pueden deberse a un desequilibrio hormonal.

Las enfermedades endocrinas de los perros son bastante numerosas, pero hay cuatro principales:

- La enfermedad endocrina más conocida es la diabetes, aunque no es la más frecuente. La diabetes suele ser el resultado de que el páncreas deja de producir insulina. El cuerpo deja de estar bajo el control de esta hormona: esto provoca hiperglucemia, porque los músculos o el hígado ya no pueden movilizar el azúcar de la sangre para proporcionar energía. El perro diabético empieza a beber y, por tanto, a orinar con más frecuencia, y pierde peso aunque coma más para compensar esta falta de energía. Cuando la enfermedad alcanza una fase avanzada, los síntomas incluyen falta de apetito, letargo, vómitos, cataratas e infecciones concurrentes. La diabetes puede provocar la muerte si no se trata. Algunas razas son más propensas a padecerla, como el teckel, el caniche, el cairn, el schnauzer miniatura y el beagle. La obesidad también es un factor de riesgo importante.

- El hipotiroidismo se debe a un defecto en la producción de hormonas por parte de la glándula tiroides. Esta enfermedad se manifiesta gradualmente, más bien en perros de edad avanzada. Los síntomas son cansancio, falta de energía, aumento de peso inexplicable, pelaje apagado y seco, pérdida de pelo, infecciones cutáneas recurrentes e intolerancia al frío. Los perros más grandes parecen ser más propensos al hipotiroidismo, como el labrador, el golden retriever, el setter irlandés, el danés y el dóberman.

- La enfermedad de Cushing, o hipercortisolismo, es un trastorno hormonal más complejo que provoca un aumento de la cantidad de cortisol en sangre. El cortisol es una hormona que segregan las glándulas suprarrenales bajo el estímulo de la hipófisis (una glándula situada en el cerebro). Un proceso tumoral de la hipófisis o de las glándulas suprarrenales puede desencadenar la enfermedad. Pero también puede producirse como consecuencia de un tratamiento prolongado con corticosteroides. Los síntomas pasan por un aumento de la sed y de la cantidad de orina, abdomen distendido, caída severa del pelaje (algunas partes del cuerpo, empezando por los flancos, quedan desnudas), hiperpigmentación y adelgazamiento de la piel, falta de energía o pérdida de masa muscular.

- La enfermedad de Addison es una forma de hipocortisolismo: en este caso, las glándulas suprarrenales, que son destruidas progresivamente debido a un proceso autoinmune, ya no producen suficiente cortisol para el organismo. Es una patología menos frecuente que afecta a perros en la edad adulta, esencialmente a las hembras, con una supuesta predisposición de ciertas razas, como el westie, el caniche o el rottweiler. Los síntomas son bastante extenuantes: falta de apetito, pérdida de peso, vómitos, fatiga, temblores, estado depresivo.

Para todas estas patologías, el diagnóstico se establece en función de los síntomas y requiere exámenes complementarios: análisis de orina y de sangre, mediciones hormonales, ecografías.

Los tratamientos sustituyen la producción hormonal deficiente o reequilibran la disfunción hormonal. Por ejemplo, la mejor forma de tratar el hipotiroidismo es por vía oral con hormonas sintéticas durante toda la vida del animal.

UN CONSEJO

Todas las enfermedades endocrinas son inicialmente poco preocupantes. Pero son dolencias crónicas. La atención veterinaria es esencial y tu perro deberá estar sometido a controles regulares por parte del veterinario para comprobar los niveles hormonales. En muchos casos, será necesario ajustar la dosis de medicación a lo largo de la vida del animal, en función de la evolución de la enfermedad y de su respuesta al tratamiento.

¿QUÉ HE DE HACER SI MI PERRO TIENE ARTROSIS?

Tu perro se está haciendo mayor y has notado que le cuesta salir de su cesta por las mañanas, como si estuviera «oxidado». Puede que padezca artrosis.

La artrosis es una enfermedad degenerativa del cartílago de las articulaciones. El cartílago es un tejido que recubre las superficies óseas de una articulación: garantiza su buena movilidad, sin fricción, y absorbe los impactos. Sin embargo, a medida que se desgasta, se vuelve más fino y deja de proteger los huesos, que quedan desnudos. Las superficies óseas se engrosan y se forman crecimientos, llamados osteofitos, dentro de la articulación. Todos estos cambios provocan inflamación y dolor.

La artrosis es un proceso que puede producirse a medida que el animal envejece, ya que el cartílago se desgasta con el paso del tiempo (aunque tampoco es sistemático). Pero también puede aparecer en animales más jóvenes, cuando una mala conformación articular provoca un desgaste anormal del cartílago, o bien tras un traumatismo óseo, ligamentoso o tendinoso. Por último, las articulaciones de los perros obesos están sometidas a un esfuerzo anormal debido al exceso de peso. Las que se ven más frecuentemente afectadas son las de cadera, codo, hombro y rodilla.

La artrosis se manifiesta por una rigidez repentina del miembro afectado, acompañada o no de cojera. Al principio de la enfermedad, esta rigidez remite al cabo de unos minutos, cuando la articulación se mueve un poco. También es posible que a tu perro le cueste subir escaleras o a coches y que esté menos dispuesto a jugar o salir a pasear. A veces puede reaccionar de forma agresiva si se le toca la articulación dolorida, por ejemplo, al cepillarlo o al llevarlo en brazos.

Si notas estos síntomas, es necesario acudir al veterinario. El diagnóstico se realizará tras un examen del aparato locomotor, pero sobre todo con radiografías que revelarán lesiones en las articulaciones.

El tratamiento dependerá del origen de la artrosis; hay que saber que las lesiones producidas no se pueden curar.

Cuando la artrosis se debe a una mala conformación de la articulación, por ejemplo, en caso de displasia de cadera o codo o luxación de rótula, puede considerarse la cirugía para recuperar una mejor movilidad y evitar que la enfermedad progrese.

En otros casos, el tratamiento tendrá como objetivo aliviar el dolor y evitar la destrucción completa del cartílago. Se trata de un tratamiento a largo plazo, ya que la artrosis es un proceso degenerativo crónico.

Tu veterinario puede recetarle antiinflamatorios. Sin embargo, debido a los efectos secundarios nocivos para su organismo, solo deben utilizarse durante un breve periodo de tiempo, durante los ataques de artrosis.

Los ácidos grasos esenciales son conocidos por sus propiedades antiinflamatorias. Tu veterinario puede administrarlos mediante inyección o en forma de complementos alimenticios. Por su parte, los condroprotectores son muy eficaces para estimular la regeneración del cartílago.

Algunos alimentos para perros están formulados específicamente con ingredientes con propiedades condroprotectoras y altos niveles de ácidos grasos esenciales.

En medicina veterinaria se están desarrollando otros métodos para combatir la artrosis: inyecciones de células madre, láser u ondas de choque. Las medicinas alternativas también pueden dar buenos resultados: en función de lo que mejor consideres, puedes recurrir a un veterinario que practique la homeopatía, la fitoterapia o la acupuntura, por ejemplo.

Por último, aunque tu perro padezca artrosis, mantenlo estimulado y activo. El ejercicio físico limita la rigidez articular y el aumento de peso, mantiene la masa muscular y estimula la producción de líquido sinovial dentro de la articulación, que protege un poco más el cartílago. Tu veterinario te ayudará a adaptar el esfuerzo físico a tu mascota; puede aconsejarte que le hagas nadar, caminar en una superficie con agua u otra actividad.

UN CONSEJO

Ciertas razas de perros (labrador, pastor alemán, boyero de Berna, por citar solo algunas) están más predispuestas a sufrir displasia de cadera y codo. Esta deformidad articular hereditaria conduce al desarrollo precoz de la artrosis.

El diagnóstico de esta enfermedad se realiza mediante radiografías. Los criadores más profesionales y serios seleccionan reproductores sin displasia. Sin embargo, pueden nacer perros con displasia de padres sanos y viceversa.

Si has adquirido un perro de una raza «de riesgo», se le puede detectar precozmente la displasia de cadera (antes de las veinte semanas de vida) y, sobre todo, intervenir quirúrgicamente durante el crecimiento del animal para evitar que se desarrolle la anomalía articular.

¿CÓMO CUIDAR DE UN PERRO MUY MAYOR?

Gracias a los avances de la medicina veterinaria y a unos mejores cuidados, la esperanza de vida de los perros ha aumentado: ahora oscila entre los quince y los dieciocho años para los perros pequeños y entre los diez y los doce años para los de mayor tamaño. Así, un perro pequeño se considera viejo a partir de los diez años, frente a los siete de los perros grandes.

Tener un perro es una responsabilidad a largo plazo. Tienes que acompañarlo en las distintas etapas de su vida y te necesitará más a medida que se haga mayor.

A diario, presta especial atención a todos los pequeños signos que puedan ser preocupantes: pérdida de apetito, aumento de la sed o la fatiga, dificultad para levantarse o moverse, irritabilidad (que puede estar causada por el dolor), pérdida del sentido de la orientación, pérdida o aumento de peso por falta de ejercicio... Con la edad, es probable que aparezcan determinadas enfermedades: trastornos hormonales (hipotiroidismo, enfermedad de Cushing, diabetes), cánceres, insuficiencias cardiacas, renales o hepáticas. Todas estas afecciones están relacionadas con la aparición de síntomas específicos.

Cuidar a un perro mayor implica darle la comida adecuada: ingredientes de calidad para una mejor digestión y absorción de nutrientes; ingesta reducida de calorías para evitar un aumento de peso perjudicial; mantenimiento de los niveles de proteínas para que conserve la masa muscular; ácidos grasos esenciales para el cerebro, la piel y las articulaciones, y antioxidantes para reforzar el sistema inmunitario.

La buena salud de un perro mayor requiere una atención especial a la higiene bucal. El sarro se acumula con el tiempo y, para prevenir la pérdida de piezas dentales o la enfermedad periodontal, a menudo es necesario el raspado.

Tu perro ya no tiene la misma capacidad física, por lo que debes cambiar tus hábitos de paseo con él: sal más a menudo para que pueda hacer sus necesidades y estirar las patas, pero durante menos tiempo para no forzar demasiado sus articulaciones y agotarlo. Por otro lado, mantén siempre una actividad física, aunque sea mínima: es esencial para que no pierda toda su movilidad.

Muchos perros mayores se ven afectados por la artrosis, y presentan dificultad para moverse, subir escaleras, levantarse. No dudes en ayudarle a subir al coche o al sofá, o en instalar una rampa en las escaleras. Cuando tu mascota esté tumbada, tómate el tiempo de masajearla suavemente para que se le relajen los músculos y pueda aliviar sus articulaciones.

Asegúrate de que su zona de descanso sea cómoda, acogedora y sin corrientes de aire, sobre todo si hace frío fuera: los perros mayores son más sensibles a los cambios de temperatura y menos capaces de regular su propia temperatura corporal.

A medida que tu perro envejece, su audición y visión disminuirán, así que tenlo en cuenta a la hora de comunicarte con él.

Sus funciones cognitivas también pueden verse afectadas: está menos alerta, le cuesta concentrarse y no procesa tan bien la información o las órdenes que le das. A veces aparecen problemas de comportamiento: puede que se haga sus necesidades donde no deba, emita lamentos o ladridos sin motivo aparente, muestre una agresividad inusual, deambule de noche por casa, o esté desorientado y ansioso. Esto se conoce como disfunción cognitiva en el perro mayor, que es el equivalente para nosotros de la enfermedad de Alzheimer. Tu veterinario puede prescribirle un tratamiento para ayudar a sus funciones cerebrales y esperar una mejora de comportamiento, pero cabe apuntar que no hay cura.

Nunca es agradable ver envejecer a tu mascota, pero debes saber que cuenta contigo, aunque sea en silencio, y que aún podéis vivir muchos años maravillosos juntos. No olvides hacer las revisiones periódicas y presta especial atención a la salud y las necesidades de tu mascota. Muchas clínicas ofrecen chequeos para mayores (radiografías, análisis de sangre, mediciones de la tensión arterial) para controlar la salud de tu compañero anciano. La homeopatía, la fitoterapia, la acupuntura y la osteopatía son medicinas alternativas que también pueden ayudar a tu perro a envejecer mejor.

UN CONSEJO

Traer un nuevo perro a casa puede ser beneficioso y estimulante para un perro mayor, tanto física como mentalmente. Sin embargo, esto solo es una opción si tu perro es sociable y todavía se mantiene activo. De lo contrario, puede que no se tome bien lo que considerará una intrusión y desarrolle depresión o agresividad reactiva.

¿QUÉ DEBO HACER SI TIENE CÁNCER?

Por desgracia, el cáncer puede afectar a cualquier perro. Es una de las enfermedades que los veterinarios tratan con frecuencia en sus pacientes caninos.

Al igual que en los humanos, la variedad de tipos de cáncer en los perros es enorme y que tu fiel compañero padezca alguna de ellas puede dar más miedo que una insuficiencia cardiaca o hepática. Sin embargo, el pronóstico de algunos cánceres en perros es mucho mejor que el de estas otras afecciones.

El cáncer puede afectar a todos los órganos y los síntomas son igualmente variados. Tu veterinario hará el diagnóstico basándose en una evaluación clínica y en pruebas adicionales adecuadas: análisis de sangre, radiografías, ecografías, biopsias, TAC, resonancias magnéticas. También puede remitirte a un centro veterinario especializado en oncología.

Algunas razas de perros están predispuestas a desarrollar cánceres específicos: el bóxer, tumor cerebral, linfoma, cáncer del tejido conjuntivo; el labrador, cáncer de huesos, tumores orales; el golden retriever, linfoma, cáncer de los vasos sanguíneos; el boyero de Berna, cáncer del tejido conjuntivo; el boyero de Flandes, cáncer del sistema linfático; el rottweiler, cáncer de los vasos sanguíneos, vejiga y del tejido conjuntivo, y el danés, cáncer de huesos.

El enfoque terapéutico variará en función del tipo de cáncer. Si el tumor está localizado y bien circunscrito, la extirpación quirúrgica puede ser suficiente, con o sin tratamiento adicional. En otros casos, la radioterapia, la quimioterapia o incluso la inmunoterapia serán más apropiadas. Recordemos que quimioterapia significa tratamiento con moléculas químicas. La administración de un antiinflamatorio o un antibiótico es una forma de quimioterapia. En oncología, es un tratamiento destinado a destruir las células cancerosas.

Debes saber que la mayoría de los perros sometidos a quimioterapia contra el cáncer no sufren efectos secundarios graves. A veces los animales pueden padecer una disminución del apetito y del ánimo, algunos problemas digestivos, pero no pierden el pelo, por ejemplo. En todos los casos, un seguimiento regular con análisis de sangre permite ajustar la dosis o incluso cambiar el tipo de molécula administrada.

La medicina veterinaria dispone de un arsenal de tratamientos cada vez más eficaces para combatir el cáncer. Por eso, si un día tu veterinario te dice que tu perro tiene cáncer, no pienses que es el final. Sin duda es un varapalo para ti y un calvario para tu mascota y tu familia. En función del tipo de cáncer y de su evolución, del estado de salud de tu mascota y de su edad, el veterinario te propondrá soluciones para curarlo o hacer que viva el mayor tiempo posible en las mejores condiciones. En casa, cuida de tu perro con comida de calidad, un lugar cómodo donde pueda dormir, atención, caricias, tiempo de juego: dale las armas para sobrellevar la enfermedad.

Ten en cuenta, sin embargo, que los tratamientos contra el cáncer son caros. Para hacer frente a estas situaciones, es aconsejable contratar un seguro médico para tu mascota desde joven o reservar dinero regularmente por si surge algún problema.

UN CONSEJO

Algunos tipos de cáncer pueden prevenirse. La esterilización reduce considerablemente el riesgo de tumores mamarios o cáncer de próstata. También debes saber que, si fumas en casa, tu perro será víctima de tabaquismo pasivo y puede desarrollar cáncer de pulmón. Por último, proporciona a tu mascota un estilo de vida saludable para mantenerla en óptimas condiciones y hazle los controles veterinarios periódicos para detectar cualquier anomalía lo antes posible.

❧ AGRADECIMIENTOS ❧

Quisiera agradecer de todo corazón a mi amigo y colega, el doctor Matthieu Tanguy, veterinario de Méry-sur-Oise, por su amable y profesional contribución a este libro.

OTROS LIBROS DE INTERÉS

Cuida tus hormonas

Edgar Barrionuevo y David Moreno

ISBN: 9788497359894

Págs: 224

¿Por qué nos sentimos hambrientos al caer la tarde, padecemos episodios de insomnio o algunos días nos cuesta mantener la concentración? La respuesta está en unas sustancias llamadas «hormonas», producidas por las glándulas endocrinas y tan influyentes en el organismo que determinan hasta el color de ojos que tendremos al nacer. El equilibrio entre estas sustancias, sin embargo, es muy delicado y cuando se rompe pueden aparecer devastadores problemas de salud. La buena noticia es que podemos restablecerlo con la dieta adecuada, suplementos naturales y algunos cambios en el estilo de vida.

El cerebro de Siddhartha

James Kingsland

ISBN: 9788497359368

Págs: 272

Descubre las asombrosas capacidades del cerebro humano y los secretos del bienestar mental gracias a la meditación y el mindfulness.

En un bosque exuberante a orillas del río Neranjara en el norte de la India (400 años antes del nacimiento de Cristo, cuando las grandes mentes de la Antigua Grecia estaban sentando las bases de la ciencia y filosofía occidental), un príncipe reconvertido en un vagabundo asceta estaba sentado debajo de una higuera. Se llamaba Siddhartha y estaba descubriendo las asombrosas capacidades del cerebro humano y los secretos del bienestar mental y de la iluminación espiritual.

www.amateditorial.com